A Journey
TO THE UNKNOWN

당신이 모르는 그곳,
우즈베키스탄

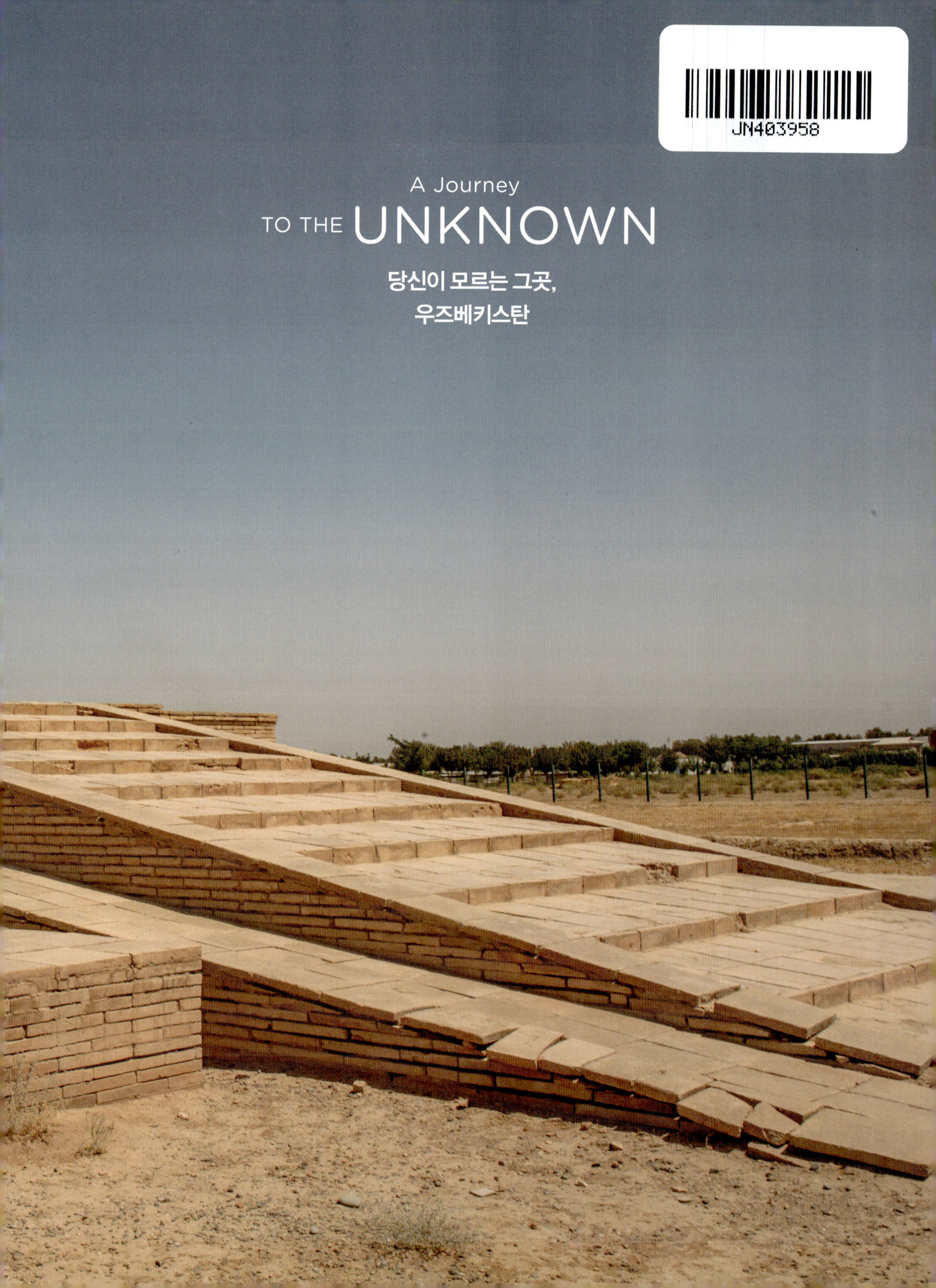

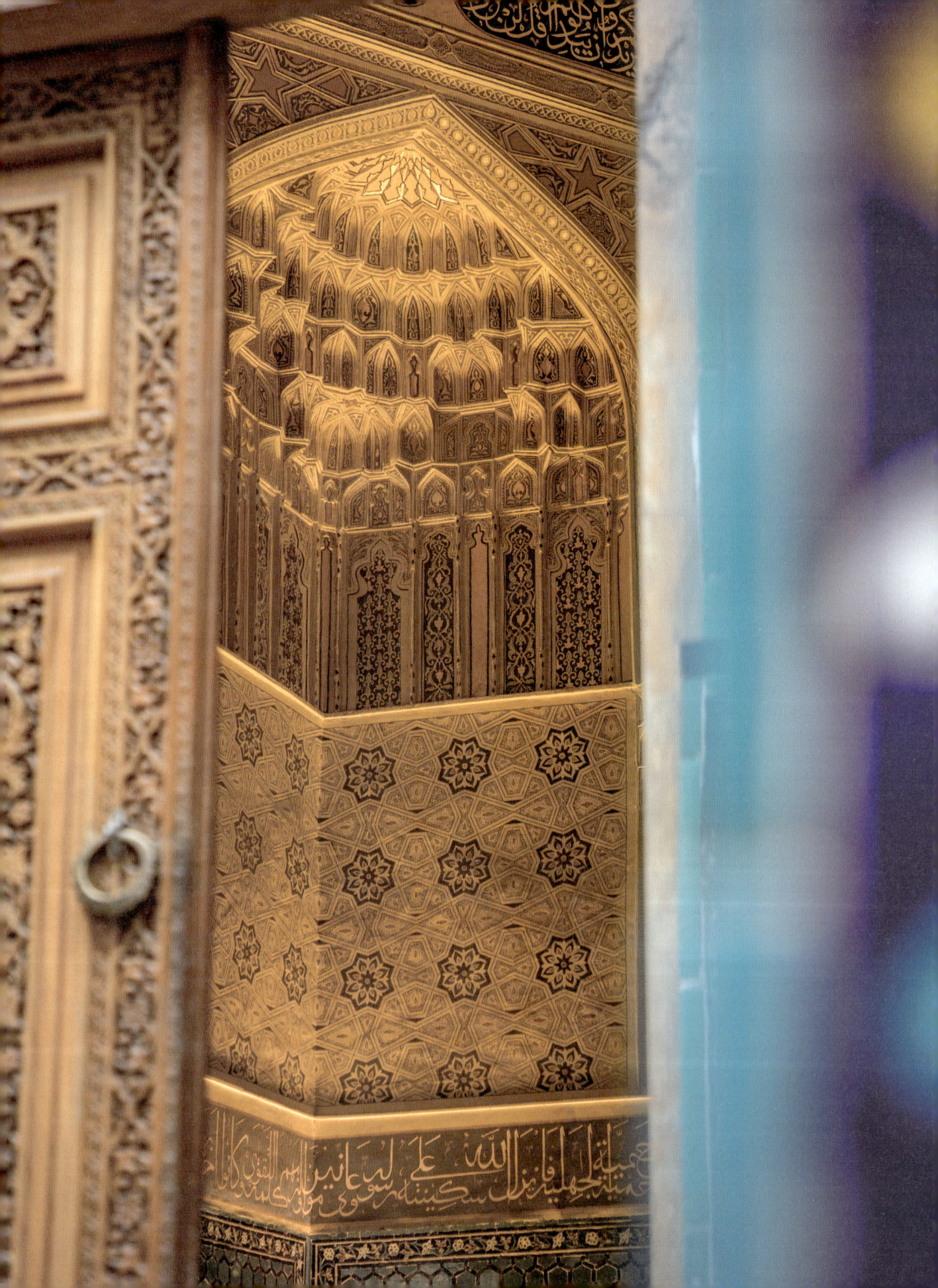

EDITOR'S LETTER

지금이 아니면 늦습니다.
지금, 우즈베키스탄에 가야 하는 이유!

멀지만 가깝고, 낯선 듯 익숙한 중앙아시아! 최근 중앙아시아에 대한 관심이 높아졌습니다. 유럽, 남미, 아프리카까지 섭렵한 여행자들이 다음 여행지로 선택하는 곳이 중앙아시아란 이야기도 들었습니다. 저는 그중에서도 우즈베키스탄을 '지금'이 아니면 안 되는 여행지라고 생각합니다. 몇 가지 이유들이 있습니다.

첫째, 편안한 물가와 탄탄한 여행 인프라
우즈베키스탄은 가성비, 가심비가 좋은 여행지입니다. 거기에 관광 인프라가 훌륭합니다. 우즈베키스탄 정부가 그동안 관광을 국가 성장 동력으로 삼고 인프라에 투자를 해 온 덕분입니다. 주요 도시 간 교통이 매우 편리해 항공과 고속철도, 철도 등으로 촘촘히 연결되어 있고 우즈벡의 KTX 격인 '아프로시압'이 주요 도시들을 단시간에 연결합니다. 부담없는 예산으로 여행이 가능하지만 그렇다고 불편하지 않은 곳, 이것이 지금 우즈베키스탄입니다.

둘째, 마음껏 향유할 수 있는 압도적 아름다움
사마르칸트, 부하라, 히바 모두 유네스코가 지정한 살아있는 역사 도시입니다. 우즈베키스탄의 건축물들은 유럽의 것과는 많이 다릅니다. 이슬람과 페르시아, 몽골, 소련의 흔적이 층층이 쌓여 있고, 그 아름다움은 압도적입니다. 이 유산들의 질감은 유럽 어느 도시보다도 깊고, 이국적입니다. 더 좋은 것은 아직 사람이 그리 많지 않습니다. 아직은 유명하다는 곳에서도 홀로 사진을 찍을 수도 있습니다. 하지만 이런 시간은 오래 가지 않을 것입니다.

셋째, 변화의 문턱에 선 순수의 나라
지금 우즈베키스탄은 거대한 변화를 앞두고 있습니다. 2017년 샤브카트 미르지요예프 대통령의 취임 이후 관광, 외교, 경제 개방 정책이 속속 추진되면서 빠르게 변모하고 있습니다. 특히 한국과의 관계는 역사적으로도 특별합니다. 고려인 후손들이 널리 퍼져 있고, 한국 기업과 교육 기관이 활발히 진출했습니다. 덕분에 한국 여행자에 대한 인식도 호의적입니다. 지금 우즈베키스탄에서 걷는다는 것은 닫히기 전의 문, 혹은 열리기 직전의 풍경 속을 걷는 일입니다. 큰 변화를 맞기 전 도시들이 보여주는, 마지막 순수함이 여기에 남아있습니다. 특히, 우즈벡 여행자들이 가장 오래 기억하는 것은 사람들입니다. 순수한 눈빛의 현지인들과의 만남은 유적지 관람보다 더 큰 감동을 줍니다. 낯선 이들을 대접하고, 손님이 곧 친구가 되는 그 정서야말로 여행자가 기억 속에 담아오는 진짜 우즈베키스탄입니다.

지금이 아니면 늦습니다. 우즈베키스탄은 아직 포장지를 풀지 않은 쥬얼리 박스입니다. 하지만 조용히, 빠르게 인프라가 성장하고, 눈 밝은 이들의 발길이 몰리고 있습니다. 인터내셔널 브랜드 호텔, 대형 여행사, 외국 자본의 유입을 통해 상업화의 기운이 점차 퍼지고 있습니다. 머지않아 사마르칸트가 로마나 피렌체처럼 붐비고, 부하라에 스타벅스가 생기며, 히바에 아만이나 반얀트리 리조트가 들어설지도 모릅니다. 발전되고 국제화된 모습도 물론 좋습니다. 하지만 그렇게 되기 전 이 나라의 숨결과 질감, 아직 완성되지 않은 아름다움을 경험할 수 있는 시간은 지금밖에 없습니다. 불편하지 않지만 상업적이지도 않은 지금, 지금이 가장 좋은 때입니다.

우즈베키스탄은 우리에게 '지금 오라'고 손짓합니다. 눈 밝은 여행자는 누구보다 이 나라를 먼저 알아봅니다.
부디 우리 독자들이 그런 행운을 누리시길 빕니다.

조은영 편집장

CONTENTS

TAKE OFF
[이륙. 두근두근. 떠남을 꿈꾸며]

12
PHOTO GALLERY
포토 갤러리

32
LANGUAGE
우즈벡어로 말하기

20
WARMING UP
우즈벡인들의 나라

34
BEST ROUTE
최고의 여행 루트

28
BEFORE YOU LEAVE
아는 만큼 보인다

40
PEOPLE
기억해야 할 이름들

IN-FLIGHT
[비행. 여행. 그곳. 그곳의 이야기]

46
OLD&NEW
여행의 관문, 타슈켄트

84
ESSAY
모래 위에 피어난 두 개의 시간 – 부하라 vs 히바

54
ESCAPE
도시 탈출, 타슈켄트주

100
GALLERY
눈이 맑은 이들과 어울려 살아보고 싶은 곳

60
TASTE
풍요의 식탁

104
INTERVIEW
우즈벡은 이런 나라!

70
TRIP
극과 극–테르미즈vs사마르칸트

110
TRAVEL TIPS
진지한 여행 조언

LANDING
[그곳의 기억, 여운, 그리고 사람..]

116
COLUMN
고려인, 강한 한국인들의 역사

122
RECIPE
당근 김치

126
CULTURE TALK
목화와 실크

132
SOUVENIR
기념품

TRANSIT
[그리고 또 다른 이야기들]

138
DISCOVERY
당신이 모르는 그곳, 철원

TAKE OFF

이륙. 두근두근. 떠남을 꿈꾸며

1 인천-타슈켄트간 직항
항공사: 아시아나항공, 대한항공, 우즈베키스탄 에어웨이즈,
티웨이항공, 센트럼에어, 카녹샤크 등 다양한 항공사가 운행한다.
소요시간: 갈때 7시간 30분, 올때 6시간 정도

2 인천-경유지-타슈켄트 간
항공사: 에어차이나, 에어아스타나 항공으로 베이징, 알마티를 경유한다.

3 인천-쉼켄트
항공사: 스캇에어라인 SKAT Airlines
특징: 쉼켄트는 카자흐스탄의 국경 도시로 타슈켄트에서 120km 떨어져 있다. 자동차로 국경을 넘어 타슈켄트에 들어오는 방법으로 단순 이동수단이 아니라, 국경의 생생한 현장을 체험할 수 있는 매력적인 구간이다.

Warming Up
우 즈 벡 인 들 의   나 라

중앙아시아 여행의 백미, 우즈베키스탄에 대한 기본 정보들

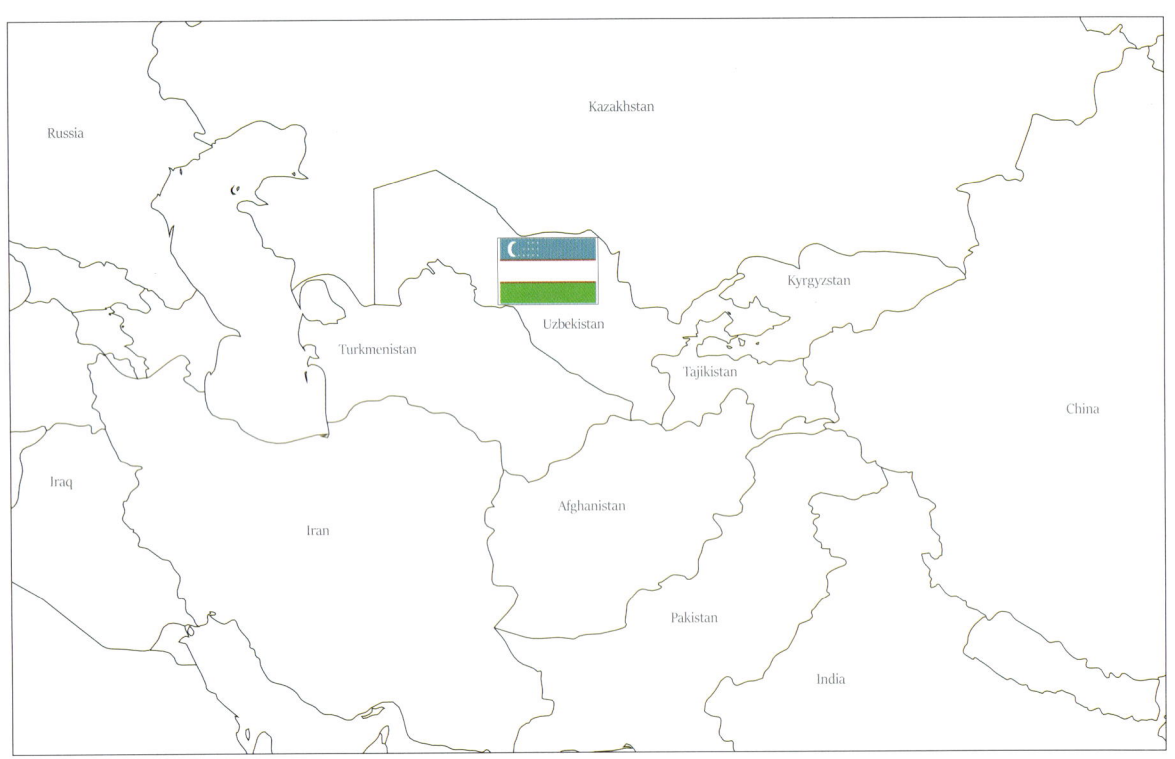

국가명 Naming

1991년 구소련에서 독립, 우즈베키스탄 공화국 Republic of Uzbekistan 이 되었다. '우즈벡 Uzbek족'은 중앙아시아의 튀르크계 민족 중 하나이고, '스탄 stan'은 페르시아어로 '땅, 나라'를 뜻하는 접미사다. 즉 우즈베키스탄은 '우즈벡족의 땅'이란 의미. '우즈벡'의 어원은 14세기 초 킵차크 칸국을 이끌었던 몽골계 통치자 오즈베크 칸 Özbeg Khan에서 유래되었다는 설이 있는데, 그는 이슬람을 국교로 채택하며 우즈벡 정체성의 형성에 영향을 줬던 인물이다. '자유로운 사람'이라는 뜻에서 왔다는 설도 있다.

국기 National Flag

자연, 전통, 평화, 민족 정체성을 담아낸 상징의 집합체로, 자주국가로서의 출발을 표현했다. 파란색은 하늘과 물, 또한 티무르 제국의 색이며 흰색은 평화를 의미하고, 초록색은 자연과 생명, 새로운 시작, 젊음, 희망을, 붉은 줄은 생명력과 국민의 힘을 상징한다. 초승달은 이슬람 전통과 새롭게 떠오르는 젊은 우즈베키스탄을 의미하고 12개의 별은 1년 12달, 12간지, 고대 천문학, 전통과 시간의 흐름을 상징한다.

위치와 지형 Location

유라시아 대륙 내부에 위치하며 카자흐스탄, 키르기스스탄, 투르크메니스탄, 아프카니스탄 등 5개와 국경을 접하고 있다. 육지면적이 425,000㎢, 수역이 22,000㎢로 바다와 직접 연결된 수로가 없는 이중 내륙국이다. 국경의 길이는 6221㎞. 국토의 75%가 사막과 스텝지대이며 키질쿰 Kyzylkum, 카라쿰 Karakum 사막이 넓게 펼쳐져 있다. 동부는 천산(텐샨)산맥과 접해 있어 고산지대도 존재한다. 가장 높은 봉우리가 있는 산은 아델룽가산(4301m)이다. 산지 비중은 15% 정도이며 주로 동부와 남동부에 위치한다. 천산 Tian Shan은 동부 경계, 카자흐스탄·키르기스스탄과 집경지대에, 파미르 고르노이 산맥 Pamir-Ala은 남부 국경 지대에 있다. 이 지역들은 해발 3,000~4,000m 이상의 고산지대로, 강수량이 비교적 많아 과수농업을 한다. 큰 강으로는 아무르다리야강과 시르다리야 강이 있고 강 유역엔 관개지역이 펼쳐져 있다.

천산 Tian Shan 7,439m

'천상의 산'이라는 의미의 천산은 동서로 2,500㎞에 걸쳐 뻗어 있는 광대한 산맥이며 그중 1,500㎞는 중앙아시아 영토에, 나머지 1000㎞는 중국에 속해 있다. 가장 높은 봉우리는 7,439m인 포베다봉이며 키르기스탄과 중국에 걸쳐있고, 우즈베키스탄의 최고봉은 아델룽 봉(4,301m)이다.

아무다리야강 Amu-Dariya 2,540㎞

중앙아시아에서 가장 크고 수량이 풍부하며 세계에서 가장 탁한 강이다. 아랍인들은 제이훈 Jay-Hun이라 불렀고 그리스인들은 화이트리버 White River라고 불렀다. 우즈벡 남부에 흐르는 강이다.

시르다리야강 2,212㎞

시르다리야는 아무다리야강 보다 길이는 짧지만 중앙아시아 북부에서 중요한 위치를 차지하는 강이다. 우즈벡 북부와 카자흐 남부에 물을 공급하고 아랄해로 흘러 들어간다. 차르박 댐에서 수량이 유입되며 타슈켄트 지역 물 공급의 핵심인 치르치르강이 시르다리야강으로 합쳐진다. 치르치르강(155㎞)은 수력 발전과 관개, 식수에 사용되고 있다.

면적 Size

총 면적 약 447,400㎢로 한반도의 약 2배, 대한민국의 4.5배 크기다.

행정 체계 Administrative Structure

1개의 자치공화국(카라칼팍스탄), 12개의 주, 1개의 직할시인 타슈켄트로 이루어져 있다.

시차 Time zone Difference

한국보다 4시간 느리다. 한국이 오전 10시라면 우즈베키스탄은 오전 6시.

거리와 항공편 Distance and Flights

직선거리 기준으로 인천-타슈켄트가 약 4,900㎞, 직항기준 약 7시간 30분~8시간 정도 소요된다. 우즈베키스탄 에어웨이즈, 아시아나항공, 티웨이항공, 센트럼에어, 카녹샤크항공사 등 점점 더 많은 항공사들이 취항하고 있다.

통화와 환율 Currency and Exchange rate
우즈베키스탄 솜som이며 현재 10,000솜에 1,100~1,200원 사이

기후 Climate
스페인, 이탈리아, 그리스 등 지중해 국가들과 같은 위도상에 있지만 대륙의 내부에 위치하므로 여름에는 구름이 없고 맑은 날이 많고, 겨울은 추운 대륙성 기후다. 대부분의 지역은 건조 또는 반건조 기후다. 사계절이 있으며 7~8월에는 낮 최고 35-40℃ 이상 올라가고 1~2월 평균기온은 -1~-3℃, 북부 일부 지역에서는 -25℃ 이하까지도 내려간다. 겨울과 봄에 약간의 비가 오지만 일년 내내 건조하다. 여행하기 좋은 시기는 봄과 가을이다.

언어 Language
공용어는 우즈벡어로 인구의 82% 정도가 사용한다. 과거 소련 시절에는 러시아어가 널리 쓰였고 현재에도 행정, 교육 등에서는 부분적으로 사용되고 있다. 젊은 층들은 러시아어를 잘 모른다.

인구와 민족 Population and Ethnic Groups
약 3천 8백 여명으로 중앙아시아 최대 인구국이다. 전체 인구의 절반 이상이 30세 미만으로 젊고 빠르게 성장 중이며 수도인 타슈켄트에 인구의 10%가 거주한다. 기후가 좋은 타슈켄트 동부의 페르가나 계곡은 비옥한 농경지 지대라 인구 밀도가 가장 높다. 다민족 국가로 공식적으로는 약 130여 개의 민족이 있으나 80% 이상이 우즈벡족이다. 기타 민족으로 4%의 타지크족, 각각 2%를 차지하는 러시아인, 카자흐인, 그리고 고려인을 포함한 기타 소수 민족들이 2~3%를 차지한다. 고려인은 타슈켄트 지역에 가장 많이 분포하며 약 17만여 명으로 집계되고 있다.

종교 Religion
이슬람 수니파가 전체 인구의 90% 이상, 그 외엔 러시아 정교회, 가톨릭, 유대교 등이다. 전통적으로 이슬람 문화가 뿌리 깊지만, 정부의 공식적인 *세속주의 정책과 지역별 차이 때문에, 분위기는 지역마다 다르다. 예를 들면 안디잔, 나망간 등 페르가나 쪽은 보수적이고 타슈켄트, 사마르칸트, 부하라는 중간 정도로 관광지 특유의 개방감이 있다. 히잡과 술집이 공존하는 도시들이다. 누쿠스, 카라칼팍스탄 자치구는 종교적 색채가 낮고 다문화적이다.

*세속주의 Secularism 란?
세속주의는 종교가 정치나 법 위에 서지 못하도록 종교와 정치, 종교와 국가 권력을 철저히 분리하고 있다. 헌법 제31조 "모든 종교는 국가로부터 분리되어 있으며, 누구도 종교를 강요받지 않는다"고 명시하고 있다.

역사 History
8세기 이전: 고대
실크로드의 핵심 경로였던 소그드 Sogdiana, 박트리아 Bactria 등 고대 도시 문명이 존재했다. 중국·인도·페르시아와의 문화·무역 교류의 중심지였고 당시엔 불교, 조로아스터교, 기독교 등의 다양한 종교가 공존했다.

8세기~13세기: 이슬람 도입기
8세기 우마이야 왕조(이슬람 제국)의 정복으로 이슬람 전파가 시작되고, 사마르칸트, 부하라 등이 이슬람 학문, 과학, 문화의 중심지로 성장했다. 이후 사만 왕조, 카라칸 왕조 등이 번성한다.

13세기~14세기: 몽골 제국과 킵차크 칸국
13세기 초 칭기즈칸이 침입, 대대적 파괴가 일어난다. 이후 서부 지역은 몽골의 킵차크 칸국 Golden Horde 지배하에 들어가고 오즈베크 칸이 이 시기 이슬람을 국교화하면서 중앙아시아의 이슬람화가 확고해졌다.

14세기 후반~15세기 초: 티무르 제국
아미르 티무르 Amir Timur가 사마르칸트를 수도로 제국을 건설하고 중앙아시아, 이란, 인도 북부까지 정복한다. 문화·예술의 황금기로 사마르칸트가 세계적 문화 수도가 된다.

16세기~18세기: 우즈베크 칸국
티무르 제국 몰락 후 무함마드 샤이바니 Muhammad Shaybani가 우즈베크 칸국을 건국한다. 이는 우즈베크족의 정치적 통일과 오늘날 우즈베키스탄의 민족 정체성 형성에 매우 큰 영향을 끼친 계기가 되었다. 이후 히바 칸국, 부하라 칸국, 코칸트 칸국 등 지역 왕국들이 형성되었다.

19세기 후반~ : 러시아 제국
1860~1880년대 러시아 제국이 중앙아시아를 정복하면서 우즈베키스탄 영토 내 여러 칸국들이 러시아 제국의 식민지로 편입된다.

1924~1991 : 소련 시대
1924년 우즈베크 소비에트 사회주의 공화국이 들어서며 종교 탄압, 언어와 민족 정체성 억압이 시작된다. 동시에 교육, 산업화, 도시 개발 등도 진행. 공산당 출신인 이슬람 카림오프가 권력을 잡기 시작한다.

1991년~ 현재
1991년 소련이 붕괴되고 이슬람 카림오프가 독립국가 우즈베키스탄의 첫 대통령으로 취임한다. 2016년까지 25년간 장기 집권을 했고 그의 사망 후 샤브카트 미르지요예프가 집권하고 있다.

산업 Industry
과거부터 세계적인 면화 생산국이었다. 다만 면화 중심의 수출 구조는 면사와 직물 같은 가공 제품 수출로 바뀌고 있다. 천연가스, 금, 우라늄, 구리 등 자원이 풍부하며, 자동차 조립, 섬유, 건설, 관광 산업도 발전하고 있다.

경제 농업 중심의 계획 경제에서 시장경제로 전환 중이다. 독립 이후 오랜 기간 보호무역과 국가 개입이 강했지만, 최근 개혁을 통해 외국인 투자와 민간 부문 참여가 확대되고 있다. 경제 성장률은 비교적 안정적이며, 인구 증가와 함께 내수 시장이 커지고 있다.

교육 Education
초·중등 교육은 의무이며 무료이다. 9년 의무교육 후, 기술학교 또는 일반 고등학교 진학이 가능하다. 국립대학교 외에도 해외 대학 캠퍼스(예: 한국, 러시아, 영국계)도 진출해 있다.

음식과 술 Food and Drinks
중앙아시아 유목문화, 페르시아와 튀르키예, 그리고 소비에트 시대를 거치며 다양한 음식문화가 존재한다. 빵이 주식이며 이슬람의 영향으로 돼지고기와 술을 금한다. 술은 주류숍에서 자유롭게 구매가 가능하며 대부분의 관광지 식당에서 술을 판매하고 있다. 계절 과일이 저렴하고 풍부하다.

술은 맥주, 꼬냑, 와인 등을 제조, 판매한다. 맥주는 Sarbon, Sarbast, Tuborg Uzbekistan, 와인은 Tashkentvino, Samarqand Wine Factory 등 지역별 와이너리가 있다. 소련 문화의 영향으로 꼬냑/브랜디로는 Old Baron XO, Zolotoy Uzbekistan, Toshkent XO, Uzbekistan Yubileyniy(20~25년), Uzbekistan Anniversary, Tanbour Grand Collection 등의 브랜드가 있다. 시내 주류전문판매점이나 타슈켄트 면세점에서 주류를 자유롭게 구입할 수 있다.

기념품 Souvenirs
전통 찻잔 세트나 그릇, 패브릭 소품, 카펫, 실크 스카프, 캐시미어 옷, 은세공 제품, 가죽 제품, 정교하게 만들어진 나무 조각 공예 제품(보석함이나 소품함), 전통 칼 그리고 먹거리로는 꿀, 술, 견과류, 말린 과일, 차 등이 있다. .

주요도시 Major Cities
타슈켄트와 타슈켄트 주
타슈켄트는 2,000년이 넘는 매력적인 역사유산과 소비에트 시대에 건설된 근대 유산이 함께 어우러진 매력적인 수도다.
타슈켄트 주 Tashkent region는 천산 지류가 있어 시원하고 푸르러, 사계절 우즈벡인들이 가장 좋아하는 휴양지다. 차르박 Charvak호수와 침간산 Chimgan등으로 데이 투어를 하거나 산악 리조트에서 며칠 머물 수 있다.

누쿠스
소련 시대의 문화검열을 피해 살아남은 예술의 도시로 사비츠키 미술관 Savitsky Museum은 중앙아시아의 에르미타주로 불릴만큼 희귀한 작품들을 다수 소장하고 있다. 황량한 사막 도시에 남겨진 소비에트풍 건축과 조형물이 인상적이다.

사마르칸트
실크로드의 보석이라 불리는 블루시티로 티무르 제국의 수도였고, 과학·예술·천문학의 중심지로 번성. 레기스탄 광장, 비비하눔 모스크, 샤히진다 등은 실크로드 교역 번영의 상징이다.

부하라
이슬람 신학과 철학의 중심지로, 수많은 마드라사(신학교)와 시장(바자르), 상인들이 쉬어가던 카라반사라이(여관), 목욕탕, 돔형 시장 등이 잘 보존되어 있다.

히바
실크로드 서쪽 말단에서 사막을 넘는 상인들의 최종 보급 기지 역할을 했던 오아시스 도시로 이찬 칼라(도시 안의 도시)라는 성곽 도시가 유네스코 세계유산으로 지정되어 있다.

테르메즈
우즈베키스탄의 최남단, 아프가니스탄 국경에 인접한 도시로 실크로드의 중요한 거점이자 불교 전파의 중심지였다. 고대 박트리아 문명의 영향을 받았으며, 이후 그리스-불교, 조로아스터교, 이슬람 문명이 차례로 번성했다. 아직은 '숨겨진 보석'이지만 역사나 고대 문명에 관심 있다면 꼭 방문해야 할 특별한 곳이다.

축제와 이벤트 Festival & Event

3월: 나우르즈 Navruz
3월 21일 열리는 봄맞이 새해 축제로 페르시아에서 기원이 되었다. 타슈켄트, 사마르칸트, 부하라 등 전역에서 열린다.

5월: 실크 앤 스파이스 페스티벌 Silk & Spice Festival
전통 직물, 공예품, 향신료 시장과 퍼레이드, 민속공연 등이 열리고 장인들의 작품과 전통 복식 쇼가 열린다. 장소는 부하라..

8월 초: 메론 축제 Melon Festival
히바를 비롯한 호레즘 전역에서 열리는 멜론 페스티발은 8월 초에 3일 정도 열리는 풍성한 음식축제다. 멜론 품종 전시, 시식 이벤트와 함께 민속극, 인형극, 전통 복식 퍼레이드가 펼쳐지고 전통 요리, 호레즘 빵·수공예 전시, 클래스, 공연 등 프로그램이 다채롭다.

8월 말~9월 초: 샤르크 타로날라리 Sharq Taronalari
사마르칸트 레기스탄 광장에서 열리는 유네스코 후원 세계 민속 음악 축제로 격년마다 열린다.

9월: 타슈켄트 국제 현대예술 비엔날레
타슈켄트 내 갤러리 및 문화센터에서 열리는 중앙아시아와 국제 아티스트의 현대 미술 전시다.

10월: 와인 페스티벌
타슈켄트 외곽인 파르켄트, 체르치크 등지에서 열리는 이벤트로 지역 와인 시음, 포도수확 체험, 라이브 음악 등이 펼쳐진다. Uzumfermer 등의 와이너리 소셜미디어 계정을 참고한다.

여행의 테마 Travel Themes

실크로드 Silk Road
중국과 유럽을 연결하는 고대 교역로로 약 기원전 2세기부터 15세기까지 활발했다. 단순히 비단(실크)뿐만 아니라 향신료, 금속, 종이, 유리, 기술, 종교, 언어, 사상 등 다양한 문화가 교류된 문명의 통로였다. 우즈베키스탄은 실크로드의 핵심 경유지 중 하나로, 타슈켄트, 사마르칸트, 부하라, 히바는 고대 실크로드 상에서 가장 중요한 중계 도시들 중 하나였다. 유네스코는 사마르칸트, 부하라, 히바 등을 '실크로드 도시'로 세계유산에 등재했고 이 루트는 현재 우즈베키스탄 관광의 핵심 테마다.

구소련 Soviet Heritage

'구소련의 자취'를 따라가는 흥미로운 여정이다. 1924년부터 1991년까지 우즈베키스탄을 통치했던 소련의 흔적을 찾다보면 이슬람 문화, 실크로드 유적지로서의 우즈베키스탄과는 또 다른 이 나라의 다층적 정체성을 이해할 수 있다.

타슈켄트: 중앙아시아 유일의 정통 공연장인 나보이 오페라 & 발레 극장, 타슈켄트 지하철, 소련식 아파트와 도로, 독립광장 등

누쿠스: 금지된 예술을 보존한 사비츠키 미술관

사마르칸트: 이슬람과 소비에트 미학의 공존이다. 소비에트 아파트 단지, 이슬람 유산과 소비에트식 기능주의 건물이 공존하는 독특한 도시미학 그리고 소련 시절 과학자 양성을 위한 기술대학 및 공과대학 건물들이 있다.

앙그렌: 산업도시로 소련 시대 석탄 채굴과 전력산업 중심지였다. 석탄 광산, 전력 시설 등 구소련식 산업 개발 흔적이 다수다.
침간산, 차르박 저수지: 소련식 별장문화와 휴양문화를 경험할 수 있다. 샬레, 사우나, 케이블카 등의 소련식 건축과 시설들을 경험할 수 있다.

Before You Leave

아 는 만 큼 보 인 다

중앙아시아 여행으로 한 발 더 가까이 가기 위한 책, 음악, 그리고 사색….

The Silk Road: A New History

Valerie Hansen | Oxford University Press | 2012

실크로드는 우즈베키스탄과 밀접한 관계를 맺고 있다. 사마르칸트, 부하라 등 우즈베키스탄의 주요 도시들이 실크로드의 중요한 거점이었기 때문이다 이 책은 실크로드의 역사와 문화적 교류를 다루고 있어, 우즈베키스탄의 역사와 그 문화적 맥락을 잘 설명해준다.

BOOK

라스트미닛 가이드, 우즈베키스탄

MOVE | 2025~2026

공항과 기내, 호텔에서 들춰볼 벼락치기용으로 휴대용 사이즈에 우즈벡 여행에 필요한 기본 정보, 알아두면 여행이 조금 더 깊어지는 인문학 정보들을 요약, 정리했다. 추가로 우즈베키스탄의 호텔, 레스토랑, 바, 숍, 기념품 등의 추천리스트는 자유여행자들을 위해 큐레이션한 최신 정보다.

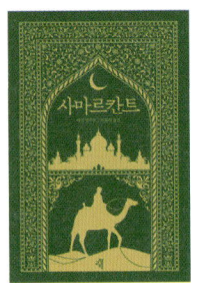

사마르칸트

아민 말루프 | 교양인 | 2023

페르시아 시인 오마르 하이얌과 그가 남긴 루바이야트(4행시집), 셀주크 왕조, 이슬람 세계, 사마르칸트를 무대로 펼쳐지는 역사소설. 사마르칸트의 문화적 깊이를 느낄 수 있고, 과거와 현재를 오가는 전개로 여행지에 감정을 이입하기 좋다.

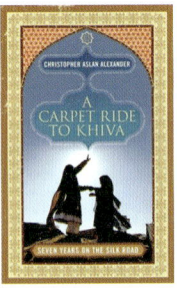

A Carpet Ride to Khiva

Aslan, Chris , Alexander, Christopher | 2009

영국인이 히바에서 카펫 공방을 만드는 실화를 바탕으로 한 이야기의 소설이다. 히바의 골목과 현지 사람들과의 관계, 중앙아시아 사회의 내면을 섬세하게 포착한 여행자들에게 매우 인기 있는 추천 도서다. 영문판으로만 나와 있다.

아팠던 시간들
압둘라 코디리 | 계명대학교 출판부 | 2025

이 책을 읽지 않은 우즈벡인은 없다. 20세기 우즈벡 근대문학의 대표격인 소설로 1926년, 발표 당시에도 엄청난 반향을 일으켰지만 소련의 체제가 붕괴된 이후 더 주목을 받기 시작했다. 민족의 정체성과 모국어의 회복이라는 절박한 과제에 갈급하던 그들에게 이 작품은 희망의 불씨가 되었다. 외국어 번역으로도 가장 많은 언어로 번역, 출간된 작품이다. 우즈베키스탄을 이해하고 싶다면 꼭 읽어야 할 작품.

우즈베키스탄의 역사
성동기 | 우물이 있는 집 | 2021

우즈베키스탄 2,500여년의 역사를 중요한 사건들을 바탕으로 연대순으로 서술하고 있는 최초의 도서다. 책을 통해서 세계사의 한 축으로 우즈베키스탄을 이해하게 되고 우즈베키스탄을 이해하면서 세계사를 새롭게 이해하게 될 것이다. 우즈베키스탄에서 우즈벡어로 학위를 받은 최초의 한국인이며 손에 꼽는 우즈벡 전문가 성동기 작가가 집필했다.

중앙아시아 3국
고수열, 서병용 | 트래블북스 | 2024

카자흐스탄, 키르기스스탄, 우즈베키스탄, 중앙아시아 3국을 취재하고 요약한 가이드북이다. 구소련 지역 여행 전문가 서병용과 비즈니스 전문가 고수열 둘이 만나 엮어 낸 이 책에는 그들만의 노하우를 온전히 모아 중앙아시아의 매력을 담았다. 비교적 근간에 출시된 가이드북이다.

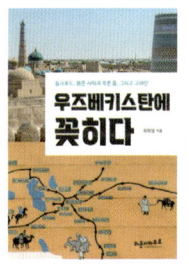

우즈베키스탄에 꽂히다
최희영 | 라운더바우트 | 2023

실크로드와 키질쿰 붉은 사막, 그리고 푸른 돔에 매료돼 20차례 이상 우즈베키스탄을 찾은 최희정 작가의 인문여행 안내서다. 2018년 우즈베키스탄에 첫 발을 디딘 후 우즈베키스탄을 수없이 오가며 곳곳을 여행했고 점차 이 나라에 매료되었다. 천산북로 실크로드와 키질쿰 붉은 사막, 그리고 이슬람 문명권의 상징인 푸른 돔과 고려인 디아스포라 '이산의 한'을 '우즈벡 인문여행 4중주'라고 명명한 우즈베키스탄 본격 여행안내서

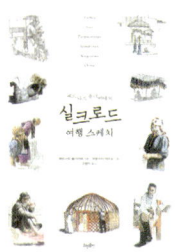

베르나르 올리비에의 실크로드 여행 스케치
베르나르 올리비에 | 효형출판 | 2014

〈나는 걷는다〉의 대 서사를 밀도 있게 압축적으로 담으면서 수채화가 프랑수아 데르모의 삽화로 전면 편집, 디자인된 실크로드 화첩 기행이다. 62세의 나이에 세계 최초 실크로드 도보 여행자로 이스탄불에서 시안까지 1만 2000킬로미터를 홀로 걸었던 이야기, 〈나는 걷는다〉의 열혈 독자들을 위해 두 번째 떠난 실크로드 여행이다. 다시 한번 마주한 실크로드와 다시 만난 사람들의 이야기를 담고 있다.

〈나는 걷는다 2〉 머나먼 사마르칸트
베르나르 올리비에 | 효형출판 | 2022

프랑스 신문 정치사회부 기자로 잔뼈가 굵은 베르나르 올리비에가 예순의 나이에 이스탄불에서 시작한 걷기여행의 기록은 2002년 시안에 도달하면서 그 대장정의 막을 내렸다. 이 시리즈는 이제 고전의 반열에 올랐다. 로마제국 시대의 실크로드 무역을 증언하는 플리니우스, 알렉산드로스 대왕, 칭기즈칸, 티무르, 진시황, 한 무제와 건륭제 등 실크로드의 역사를 수놓은 여러 제왕들에 얽힌 이야기는 단순한 여행기를 넘어 역사소설을 읽는 느낌이다.

MOVIE

To the Ends of the Earth
기요시 쿠로사와 감독 | 2019

한 일본 여성이 우즈베키스탄을 여행하며 맞닥뜨리는 고독 공감 문화적 발견을 담은 작품. 사마르칸트, 타슈켄트 등의 풍경과 문화가 시각적으로도 매력적으로 펼쳐진다.

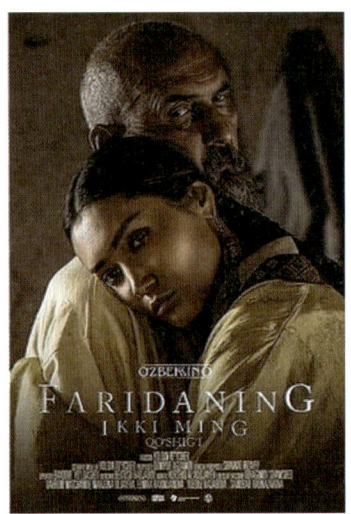

2000 Songs of Farida
Yalkin Tuychiev 감독 | 2020

1920년대 중앙아시아의 한 농촌을 배경으로, 네 번째 아내가 들어오며 변화하는 여성 간의 관계를 통해 그 시기 여성의 삶과 사회구조를 통찰력있게 그려낸 우즈벡 영화다.

Hot Bread
Umid Khamdamov 감독 | 2018

우즈베키스탄 영화사상 처음으로 아카데미 국제장편영화상 부문에 출품된 작품으로 기록되었다. 화려한 극적 전환 대신 소박한 삶의 단면과 따뜻한 감정을 진솔하게 담아내며, 고향과 가족, 사랑의 의미를 다시 묻는 작품으로 평가된다.

DOCUMENTRY

Street Food: Asia

우즈베키스탄 에피소드 (Netflix)

넷플릭스의 스트리트 푸드 시리즈. 타슈켄트의 시장, 샤슬릭, 오쉬(필라프), 수즈마 요거트, 고려인의 당근 샐러드까지 현지인의 삶과 함께 음식문화 조명. 여행하면서 실제로 접하게 될 음식과 사람들의 모습을 미리 만날 수 있다.

The MOST UNIQUE Street Food in Asia

SILK ROAD Street Food Tour of Tashkent, UZBEKISTAN!!!

구독자 600만 유튜버, The Food Ranger의 우즈베키스탄 스트리트푸드 영상이다.
https://www.youtube.com/watch?v=Fx_XY02X-K8

THE Silk Road

NHK, 1980s

1980년대 NHK가 제작한 전설적인 다큐. 일본 제작진이 실제 실크로드를 따라가며 담은 영상으로, 실크로드 영상의 결정판이다. 사마르칸트, 부하라, 타슈켄트 등 우즈베키스탄 주요 도시 뿐만 아니라 실크로드의 모든 것을 알 수 있다.

신 실크로드

KBS-NHK-CCTV2005~2006

KBS · NHK · CCTV가 공동제작한 고품격 아시아 문명사 다큐멘터리! 10부작으로 이루어진 다큐멘터리. 실크로드에 관심이 있다면 챙겨보길.

Let's Speak in Uzbec!

우즈벡어를 배우자. 우즈벡인들의 함박 웃음을 볼 수 있을 것이다.

1부터 10까지

한국어	우즈벡어	발음
1	bir	비르
2	ikki	이키
3	uch	우치
4	toʻrt	토르트
5	besh	베쉬
6	olti	올티
7	yetti	예띠
8	sakkiz	싸끼즈
9	toʻqqiz	톡키즈

기본 인사말

한국어	우즈벡어	발음
안녕하세요	Salom Assalomu alaykum	살롬 아쌀라무 알라이쿰
감사합니다	Rahmat	라흐맛
미안합니다 / 죄송해요	Kechirasiz	케치라씨즈
안녕히 계세요 (작별인사)	Xayr	하이르
제 이름은 ~입니다	Mening ismim ~	메닝 이스밈 ~
저는 한국 사람입니다	Men koreyalikman	멘 코레얄리크만
몇 살이에요?	Siz nechchi yoshdasiz?	씨즈 네치치 요쉬다씨즈?
만나서 반가워요	Tanishganimdan xursandman	타니쉬가님단 후르산드만
영어 하세요?	Ingliz tilida gaplashasizmi?	잉글리즈 틸리다 갑라샤씨즈미?

쇼핑할 때

한국어	우즈벡어	발음
이거 얼마예요?	Bu qancha turadi?	부 칸차 투라디?
너무 비싸요	Juda qimmat	주다 끔맛
싸게 해주세요	Arzonroq qiling	아르존록 끌링
저는 이것을 사고 싶어요	Men buni sotib olmoqchiman	멘 부니 소팁 올목치만
카드 돼요?	Karta orqali to'lasam bo'ladimi?	카르타 오르깔리 툴라삼 불라디미?

음식 주문 시

한국어	우즈벡어	발음
메뉴 주세요	Menyu bering	메뉴 베링
추천해 주세요	Tavsiya qiling	타브시야 끌링
물 주세요	Su bering	수 베링
맵지 않게 해 주세요	Achchiqmas qiling	아치크마스 끌링
계산서 주세요	Hisobni bering	히솝니 베링

기타 유용 표현

한국어	우즈벡어	발음
화장실 어디예요?	Hojatxona qayerda?	호자트호나 카예르다?
도와주세요!	Yordam bering!	요르담 베링!
모르겠어요	Tushunmadim	투슌마딤
알겠어요	Tushundim	투슌딤

Best Route
최 고 의   여 행   루 트

시간 여유가 많지 않은 여행자들을 위한 가장 효과적이면서 스마트한 우즈베키스탄 여행루트는 무엇일까?
'다정한 여행'의 커뮤니티 리더, 여행마담에게 조언을 구했다.

기본일정 : 7박 8일
타슈켄트 1박-히바 2박-
부하라 1박-사마르칸트 1박-
타슈켄트 1박-기내 1박

반갑습니다. 우즈베키스탄 여행을 효율적으로 잘짜고 싶은데 시간 여유가 많지 않아요. 낭비없이 꽉 채운 일정을 소개해 주세요.

제가 추천하는 최소의 일정은 7박8일 입니다. 타슈켄트 1박-히바 2박-부하라 1박-사마르칸트 1박-타슈켄트 1박-기내 1박, 이것이 기본 루트이며 만약 시간 여유가 있다면 순서는 바꾸지 않고 원하는 도시의 체류를 늘리면 됩니다. 예를 들어, '나는 부하라나 사마르칸트를 하루씩 더 보고 싶어' 한다면 이 도시 간 이동은 기차, 표만 있다면 문제가 없어요. 나오기전 '타슈켄트에서 며칠 쉬면서 자세히 보고 나오고 싶어' 한다면 마지막 타슈켄트 일정을 늘리면 됩니다. 참고로, 타슈켄트에서 인천으로 귀국 시 거의 모든 항공사의 비행기가 저녁 일정입니다. 그래서 기내 1박은 필수입니다. 항공사는 대한항공, 아시아나항공, 우즈베키스탄에어, 티웨이, 센트롬에어 등 본인의 선호에 맞게 예약하시면 되겠습니다. 참고로 최근 론칭한 센트롬에어는 가성비가 뛰어납니다.

알겠습니다. 순서는 바꾸지 않고 일정 추가는 얼마든지 가능하겠다. 그런 이야기이군요. 순서를 바꾸지 말라는데는 특별한 이유가 있나요?

네, 물론입니다. 잘 알려지지 않은 우즈베키스탄의 진짜 하이라이트는 히바입니다. 많은 분들이 시간 부족으로 히바를 빼고 우즈벡 투어를 하는데 이건 정말 넌센스예요. 그래서 히바를 가장 먼저 보러갑니다. 지도에서 보시다시피 히바는 타슈켄트에서 서쪽으로 직선거리 약 1,000km이고 차량으로 갈 경우 18시간 까지 걸리는 먼 거리예요. 그래서 베스트루트는 항공입니다. 타슈켄트-우르겐치 국내선을 타고 한 시간 반 정도 이동한 뒤 30km를 차량으로 이동하는 것이지요. 저는 타슈켄트에 도착하면 바로 국내선으로 연결하지 않고 하루 저녁 타슈켄트에 머물며 근사한 저녁도 먹고 '우즈베키스탄에 왔구나!' 하면서 공기를 좀 바꾸신 후 하루 밤 푹 자고 그 다음날 비행기로 히바에 가는 일정을 추천합니다. 히바를 제일 먼저 보고 나서 부하라-사마르칸트, 이렇게 점점 화려한 관광지로, 시계 반대방향으로 이동하는 것입니다. 히바-부하라는 차량으로, 부하라-사마르칸트-타슈켄트 이동은 기차로 합니다.

첫날 타슈켄트에서 1박하고 히바로 이동하는 것에 대해서 나름 이유가 있었군요. 당일 연결은 힘듭니까?

네, 타슈켄트-우르겐치(히바)까지의 국내선 당일 연결이 쉽지 않아요. 혹시 하더라도 타슈켄트에서의 공항 대기 시간이 길어서 대기하는 의미가 없지요. 여행의 즐거움을 위해서는 한 시간도 낭비할 수 없습니다. 그날 밤 바로 타슈켄트의 도시를 즐기는 편이 훨씬 낫습니다. 멋진 디너를 하고, 푹 자고 그 다음날 오전 씩씩하게 좋은 컨디션으로 히바로 출발하는거죠.

그렇군요. 히바 일정을 마친 후 부하라로 차량 이동한다고 했는데 얼마나 걸리지요? 항공이나 기차로 가지 않는 이유는 무엇인가요?

부하라에도 국제공항이 있습니다. 가장 좋은 루트는 히바-부하라간 직항 국내선을 타는 것이지요. 그런데 문제가 이게 아주 드문드문 있다는 점입니다. 그래서 맞추기가 힘들어요. 이왕 항공 이동을 못할 바에야 이 구간을 즐거운 일정으로 바꾸겠습니다. 이 구간은 약 440 km 정도, 기차든 자동차든 6시간 이상 걸립니다. 일단, 이 구간 기차는 조금 불편합니다. 4인 이상이라면 편안하고 시원한(AC완비) 차량을 섭외하는 것이 관건이겠지요? 저희는 아주 멋진 사막풍경을 즐기며 '룰룰랄라' 부하라로 갑니다. 이 사막은 그냥 사막이 아닙니다. 키질쿰 사막은 1320년 칭기스칸 군대가 부하라로 침략하러 올 때 물이 부족해 고생한 사막입니다. 이곳의 물은 파미르고원에서 발원하는 '아무다리아강'이고요. 이 역사적인 아무다리아 강과 키질쿰 사막을 유람하는 이 도로 여행은 생각지도 않은 보너스 여행이 될것입니다. 간식거리 잘 준비하고, 시원한 에어컨이 잘 돌아가는 안락한 차량과 친절한 기사님만 있다면 이 여행이 얼마나 즐거워질지 상상해 봅시다. 스톱!! 사진 찍고 싶은 곳이 있다면 얼마든지 내릴 수 있습니다. 기념사진 찍고 잠시 쉬었다 가는거죠. 특히 사막 뒤로 해가 지는 풍경이 있다면, 그 모습에 눈물이 날지도 모릅니다. 여행속의 여행! 키질쿰 사막여행, 기대하세요.

갑자기 걱정이 기대로 바뀝니다. 부하라에서 사마르칸트, 타슈켄트까지는 기차로 이동하던데요, 각각 시간이 얼마나 걸리지요?

우즈벡이 여행하기 좋은 나라라는게, 고속 열차가 있어요. 아프로시얍 Afrosiyob 이라고 하지요. 부하라 → 사마르칸트는 고속열차 이용 시 1시간 30분~1시간 50분 정도 걸리는데, 기차가 하루 1-2편 밖에 없고 요게 아주 인기 구간입니다. 표를 못구하면 두시간 반에서 세시간 걸리는 일반열차(Sharq 등)를 탈 수 있어요. 사마르칸트 → 타슈켄트 구간은 고속열차 이용 시 약 2시간 ~ 2시간 10분 걸리고 하루 4-6편 정도 있습니다. 일반열차는 약 3시간~4시간 걸립니다. 표를 못 구할 확률? 없진 않지만 잘 구해봐야죠. 예약시 여권과 신용카드가 필요하니 미리미리 준비하고 우즈벡 철도청 웹사이트를 열어주세요. (e-ticket.railway.uz)

해주시는 김에 국내선과 기차 예약 다 해 주세요. 호텔이나 식당까지 아예 선정해 주시면 좋겠습니다. 여행마담님만의 기준이 있나요?

네, 확고한 기준이 있어요. 우선 호텔은 가성비 떨어지는 인터내셔널 브랜드 호텔은 제외했어요. 힐튼, 윈담, 인터컨티넨탈, 하얏트....그런 브랜드 호텔들입니다. 25~30만원이라면 현지인 기준 한달 급여에 해당하는 어마어마한 가격입니다. 하지만 한국 여행객들에게는 그 정도면 해외여행 시 지불할 수 있는 숙박비입니다. 그러나 이런 호텔에는 특별한 감동이나 임팩트가 없지요. 우리가 딱 알고 있는, 기대할 정도의 수준의 평범한 브랜드호텔을 군이 우즈베키스탄까지 와서 머물 필요가 없다는 것이 제 생각입니다. 저의 키워드는 헤리티지, 전통, 부티크, 주인이 친절한, 문화유산 등에 해당되는 호텔들입니다. 이런 곳은 대형 패키지투어가 못들어가요. 객실 규모가 그 정도 안되니까요. 일단은 서양인들이 많고요, 20~30년 이상 관광객들이 드나들어 서비스나 시설도 훌륭합니다. 타슈켄트의 예를 들면, 힐튼이나 인

터컨티넨탈, 홀리데이인보다는 '이찬칼라'나 '오스카부티크호텔', 깔끔하고 단정한 중급 신규호텔 '한라스테이', 동네가 좋은 서울문 근처의 호텔들을 예약합니다. 서울에 오는 외국 여행객에게 포시즌스보다는 조선, 신라호텔이나 북촌의 깔끔한 한옥스테이를 추천하는 것과 비슷합니다. 히바에서는 도시 전체가 유네스코문화유산인 이찬칼라 내에 머무는 것이 중요합니다. 14세기에 지어진, 건물 자체가 유적지인 곳에서 머무는 것은 숙박 이상의 멋진 경험입니다.

식당은 어때요? 선정리스트에 어떤 기준이 있나요?
식당은 조금 기준이 달라요. 우즈베키스탄의 물가가 높지 않으니 종합적으로 최고를 찾는다!! 라는 기준을 적용해요. 싸고 맛있는 현지인 식당 많습니다만, 우리는 거기까지 갈 시간이 없습니다. 예를 들어 부하라 1박 중 귀중한 식사 시간이 점심 저녁 딱 두 번밖에 없다면 어디를 가야할까요? 가장 전망이 좋은 곳, 가장 멋진 곳, 가장 가성비가 좋은 곳(비쌀수록 가성비를 챙김), 가장 멋진 공연이 있는 곳 등을 가야겠지요? 그래서 꼭 가야할 식당을 제 기준대로 선정했고요. 전통음식만 먹으면 지겨우니까 한 번 정도는 정말 좋은 양식당, 우즈벡에서 꼭 가야할 현지 문화 체험으로 꼽는 오쉬 전문식당과 전통공연이 있는 디너, 고려인 식당 등을 선정해 봤습니다. 이런 곳들은 미리 예약을 해야 합니다. 일단, 여행을 결심했다면 이런 식당들까지 모두 성사 될 수 있도록 서둘러야겠지요?

타슈켄트에서 꼭 추천하는 여행마담님만의 리스트가 있다고 들었습니다.
네, 제가 추천하는 타슈켄트 머스트두Must-do는 오페라/발레 공연관람입니다. 볼쇼이가 러시아 밖 해외에서 유일하게 인증한 곳이 '알리셰나보이국립극장'입니다. 이 극장은 소비에트 시대의 아름다운 건축물을 보는 것만으로도 방문 가치가 있지만, 공연까지 본다면 '완성'이지요. 오페라/발레는 시간만 맞다면 여행 일정에 꼭 넣고 싶습니다. 오페라의 유령, 라트리아비타, 로미오와 줄리엣, 지젤, 백조의 호수 등 아주 유명하고 익숙한 공연들로 구성되어 있고요, 우리나라에서 이런 공연 보시려면 티켓 가격 아시죠? 타슈켄트는 1~3만원 사이이니 공연만 봐도 비행기값의 반은 뽑는 겁니다. 더구나 러시아 분위기가 물씬 나는 본고장에서의 발레공연이라면, 다른 것 다 제치고라도 꼭 해야죠! 여행의 큰 추억이 될 겁니다. 두 번째 머스트두는 쇼핑입니다. 초르수 바자르 말고, 제가 추천하는 '힙'하고 세련된 매장들에서 퀄러티 높은 물건들을 지인들과 자신을 위한 기념품으로 챙겨보세요. 우즈베키스탄에서 사기 좋은 물건들은 가죽제품, 패브릭, 수공예품, 쥬얼리, 실크스카프, 먹거리, 술 등입니다.

타슈켄트에서도 할 일이 많군요. 기본 일정대로라면 타슈켄트 체류시간이 너무 짧은 듯 합니다. 좀 더 있고 싶은데요. 추천일정은 어떻게 있을까요?
기본 일정에서 타슈켄트 마지막 날, 즉 공항 가는 날은 자유일정으로 됐습니다. 초르수마켓, 베쉬카잔 식당, 하즈라티이맘모스크 등 본인이 원하는 투어 일정이 있을 것 같아요. 호텔에서 체크아웃 한 후 각자 자유 일정하시고 각자의 스케줄에 맞게 공항 가시면 됩니다. 만약 타슈켄트일정을 늘리고 싶다면, 2박~4박까지 추천을 드립니다. 타슈켄트 시티를 느긋하게 둘러보는데 최소 이틀, 근교에 다녀오는데 1박2일 또는 2박 3일을 잡습니다. 근교는 또 다른 여행지이므로, 여행지가 하나 더 추가되는 셈이지요.

타슈켄트 근교 여행에 대해서 설명해 주세요.
가장 유명한 것이 차르박호수와 침간산 케이블카입니다. 타슈켄트에서 90분 정도 이동하는 인기 여행지인데요, 보통 반나절 또는 하루 잡아서 다녀오지요. 제가 봤을때 이는 앙꼬 빠진 찐빵입니다. 제대로 침간산을 즐기는 휴양코스는 숙박을 겸해야 하죠. 아무르소이리조트의 러시아식 샬레에서 머물면서 겨울엔 스키, 여름엔 수영과 힐링, 봄 가을엔 트레킹을 즐겨야 제격입니다. 아무르소이 리조트에서 2박3일 푹 쉬다가 공항으로 이동해서 한국으로 오면 참 좋습니다. 샬레에 있는 동안 밥도 해 먹어보고, 트레킹, 사우나하면서 쉬고 동행들과 재미있는 추억 쌓을 수 있습니다. 샬레의 수준은 럭셔리, 하이엔드급이고, 우리 기준에서는 절대 비싸지 않으니 이런게 가성비를 제대로 누리는거지요. 자연을 사랑하고, 걷기를 좋아하신다면 천산의 지류인 침간산에서 에너지를 충전하면서 우즈베키스탄 여행의 마무리를 한다면 완벽할 것 같습니다.

정말 당장이라도 가고 싶네요. 이 일정을 참고해서 여행 일정을 짜볼게요. 그런데 자유 여행을 하자니, 직접 해야 할 일이 참 많네요. 이 일정 그대로 진행해 줄 여행사가 있을까요?
네, 4인 이상의 그룹이 형성되었다면 이 일정으로 여행사에 요청만 하면 됩니다. 유능한 투어가이드와 차량, 기사까지 완벽히 꾸려 편안한 여행을 할 수 있게 현지에서 도와주실 거구요. 투어가이드는 한국어/우즈벡어는 기본, 유적지 전문지식까지 완벽한 전문 현지가이드가 좋습니다. 간혹 현지인인데 한국어 소통만 겨우 되는 가이드들은 깊은 정보를 전달하는데 한계가 있어서 투어할 때 답답한 경우를 종종 봤습니다. 여행마담이 설계한 이 여행의 하이라이트와 설계 포인트를 잘 살릴 수 있는 여행사가 현지에 있으니 걱정마세요. 상담은 카톡으로 가능합니다. Kakao ID : coolibiza

우즈베키스탄 베이직루트: 7박 8일 +@

가격: 1인 295만원 / 포함 내역: 전일정 호텔, 국내선, 식사, 전용 차량과 기사, 교통편과 가이드
불포함 내역: 인천-타슈켄트 항공권과 여행자보험, 기타 개인경비
날짜, 인원, 현지상황에 따라 가격은 변동될 수 있습니다. (2025년 기준, 4인당 1인가격)
스페셜 기프트: 타슈켄트 머무는 기간동안 오페라나 발레 공연을 체크, 예약대행 해드립니다.
<라스트미닛 가이드, 우즈베키스탄> 책자를 선물로 드립니다.

🏵 1일차 : 투어시작
오후 타슈켄트에 도착. 도시의 밤을 가장 화려하게 보낼 수 있는 지역에서
디너를 하고 우즈베키스탄의 정취가 느껴지는 이국적인 부티크 호텔에서 숙박을 합니다.

🏵 2일차 : 히바로 이동
가장 이른 비행기로 우르겐치(히바)로 향합니다. 국내선으로 한시간 반 소요됩니다.
점심 식사 후 오후부터 히바 투어를 시작합니다. 유네스코 세계유산 지역인 이찬칼라 도시의
정취를 가장 잘 느낄 수 있는 유적지 호텔에서 머뭅니다.

🏵 3일차 : 히바관광
오롯이 히바를 느끼고 봅니다.

🏵 4일차 : 사막투어-부하라 도착
히바를 떠납니다. 6~7시간의 사막을 통과하는 차량여 행 후 부하라에 도착합니다.
부하라 분위기의 부티크 호텔에서 하룻밤 머뭅니다. 디너는 전통댄스 공연이 있는 곳으로 어떠세요?

🏵 5일차 : 부하라 투어 후 사마르칸트로 이동
아름다운 호텔에서 낭만적 조식을 즐긴 후 일찍 부하라 투어를 시작합니다. 부하라의 핫플,
라비하우즈 저수지를 조망하는 곳에서 점심 식사를 하고 오후 기차를 타고
사마르칸트로 향합니다. 레기스탄의 야경도 놓치지 않습니다.

🏵 6일차 : 사마르칸트 투어 후 타슈켄트 이동
사마르칸트를 둘러보고 분위 좋은 양식당에서 사마르칸트 와인을 즐깁니다. 오후 기차로
타슈켄트로 이동합니다. 자유롭고 안전하게 나이트라이프를 보낼 수 있는, 도시에서 가장
고급스럽고 힙한 주거지에 숙박을 정하고, 타슈켄트의 마지막 밤을 늦게까지 즐깁니다.

🏵 7일차 : 기본 투어 종료 후 +@의 시작!
조식 후 타슈켄트 자유 투어를 시작합니다. 저녁식사 후 공항으로 출발, 기내 1박 후
다음날 오전 인천에 도착합니다. 연장하는 분들은 하루 밤 주무신 후 8일차부터 새로운 여행 시작!

🏵 8일차 : 여행 속의 여행 시작 (더 머무는 경우)
근교여행, 아무르소이 리조트 숙박 + 타슈켄트 투어를 조합한 2단계 여행을 새롭게 시작합니다.

진행 : 오아시스투어 +998 90 988 63 91 / Kakaotalk ID : coolibiza

People to Remember
기 억 해 야 할 이 름 들

아미르 티무르 (Amir Timur, 1336~1405)

1336년 우즈베키스탄 지역의 케쉬(지금의 샤흐르샤브즈)에서 태어났다. 14세기 후반은 칭기즈 칸의 몽골제국이 쇠퇴하면서 여러 칸국들이 존재하던 시기로 중앙아시아에는 차가타이 칸국이 있었다. 티무르는 칭기즈 칸의 직계 후손은 아니었으나, 그의 권위를 빌려 차가타이 칸국의 칸을 형식적으로 옹립하고 스스로는 실권을 장악한 '아미르Amir'로서 활동했다. 차가타이 칸의 칸이 살해되고 내전을 승리로 이끌며 지배자가 된 그는 1370년 사마르칸트를 수도로 티무르 제국을 세웠다. 이후 약 35년간 이란, 코카서스, 메소포타미아, 인도 북부, 시리아, 아나톨리아, 러시아 남부 등지로 정복 활동을 펼치며 막강한 제국을 일구었다. 1398년 델리 원정, 1402년 오스만 제국과의 앙카라 전투 등은 그의 군사적 정점을 보여준다. 조선 건국(1392년)과 비슷한 시기에 최고의 전성기를 누렸던 티무르 제국은 사마르칸트를 중심으로 건축, 예술, 학문을 꽃피웠고, 티무르의 손자인 울루그벡 시기에 이르러 황금기를 맞이한다. 그는 사마르칸트를 아시아에서 가장 아름답고 번성한 도시 중 하나로 만들기 위해 많은 건축 프로젝트를 주도했다. 구르-에미르 묘지, 허미드 알리쉬르 나와이의 도서관, 미르 자르 알리의 신전 등 티무르 시대의 건축물들은 우즈벡인들에게 자랑스러운 문화유산으로 남았다. 티무르 제국은 몽골계가 아닌, 튀르크-이슬람 문화를 기반으로 했기 때문에, 우즈벡인들이 자신의 문화와 민족적 정체성을 확립하는데 큰 역할을 했다.

울루그벡 (Ulugh Beg, 1394~1449)

티무르 제국의 유명한 천문학자이자 과학자로, 티무르의 손자이자 샤르히르의 왕위 계승자였으며, 마굴라르(현재의 우즈베키스탄)에서 마르기란 왕국을 다스렸다. 정치적 역할 외에도 천문학과 수학에서 큰 업적을 남겼다. 사마르칸트에 세운 천문대(Ulugh Beg Observatory)는 당시 세계에서 가장 발전된 천문 관측소 중 하나였다. 울루그벡은 이곳에서 천체를 정밀하게 관측하고, 별자리와 지구의 자전 등에 관한 정확한 계산을 했다. 지금은 거대한 사인각(각도 측정 기기)의 일부만 남아 있지만, 그 규모와 정교함에 감탄 할 수 밖에 없다. 울루그벡이 40년간 사마르칸트를 통치하는 동안 사마르칸트는 중세시대에 세계 과학의 중심이 되었다.

이슬람 카리모프 (Islam Karimov, 1938 – 2016)

우즈베키스탄 초대 대통령으로 1991년 소련 붕괴와 함께 독립을 선언하고 첫 대통령으로 선출된 이래 2016년까지 집권하며 현대 우즈베키스탄의 기틀을 마련했다. 강력한 중앙집권적 정부와 면화 산업을 중심으로 한 경제 정책을 펼쳤다. 면화 산업은 환경 파괴와 산업의 다양성 부족을 낳았단 지적을 받고 있지만, 우즈베키스탄의 독립과 정체성 확립에 중요한 기여를 했다는 평가를 받는다.

샤브카트 미르지요예프 (Shavkat Mirziyoyev)

카리모프의 사망 이후 두 번째 대통령으로 개방 정책과 경제 개혁을 추진하며 국제적 주목을 받고 있다. 미르지요예프는 카리모프의 정책을 이어받으면서도 경제 개혁과 외교 정책에서 변화와 개혁을 추진하고 있다.

이븐 시나 (Ibn Sina, 980~1037)

중세 페르시아계 의학자·철학자로 생애 57년 동안 중세 세계 지성사의 중심으로 별빛처럼 빛났던 인물이다. 지금의 부하라 근처에서 태어났다. 대표 저서 『의학의 법전』은 중세 유럽에서 교과서로 사용될 정도로 큰 영향을 미쳤다. 철학적으로는 아리스토텔레스의 사상을 바탕으로 중세 스콜라 철학에 중요한 기여를 했다. 흥미로운 점은 그는 의학자·철학자에 그치지 않고 천문학, 수학, 음악, 심리학까지 다룬 "폴리매스(만능 학자)"였다는 점인데 후에 토마스 아퀴나스 같은 서유럽 사상가들에게도 깊은 영향을 주었다.

알리셰르나보이 (Ālisher Navoi, 1441~1501)

알리셰르나보이는 우즈베키스탄 뿐만 아니라 중앙아시아를 대표하는 문학가, 철학자, 정치인이다. 현 호라즘 지역(히바 근처)에서 태어났고 타지크어와 튀르크어(우즈벡어)로 시를 썼다. 티무르 제국의 고위 관리로 활동하며 사마르칸트가 문화적 중심지로 발전하는데 기여했다. 그의 5부작 시집인 흐마르는 페르시아어의 고전 문학을 따르면서도 튀르크어의 아름다움을 살린 작품으로 이란, 인도까지도 영향을 미쳤다. 그는 단순한 문학가를 넘어서, 역사, 문화의 아이콘이며 문학과 철학을 통해 중앙아시아의 정신적 기초를 다진 인물로 기억된다. 타슈켄트 곳곳에는 나보이 동상 및 그의 이름을 딴 나보이 거리, 나보이 도서관, 나보이 공원, 나보이 국립극장 등이 있다.

코자 나스레딘(Khoja Nasreddin)

코자 나스레딘, 혹은 호자나스 레딘은 13세기, 14세기에 활동한, 구전으로 전해지는 인물로, 중앙아시아, 중동, 튀르키예 등지에서 널리 사랑 받는 캐릭터다. 그의 이야기들은 유머를 통해 인간의 삶에 대한 교훈을 주는 심오한 내용이 많다. 부하라 라비하우즈 근처에는 당나귀를 타고 있는 그의 동상이 있는데, 그의 비정형적 사고, 기존 질서에 대한 도전, 풍자적 성격을 상징한다. 터키 아크셰히르 지역에는 그가 살았다고 전해지는 무덤이 있고, 우즈베키스탄 뿐만 아니라 이란·아제르바이잔에도 '그는 원래 우리 땅 출신'이라는 설이 존재한다. 즉, 여러 문화권이 '우리의 나스레딘'이라고 주장하면서 인물의 윤곽이 전설로 확장된 것이다.

어느 날, 나스레딘은 당나귀에 거꾸로 앉아 길을 가고 있었다. 사람들이 그를 보고 물었다. "코자님, 왜 그렇게 앉으셨어요?"
그는 태연하게 대답했다. "내가 잘못 앉은 게 아니라, 당나귀가 잘못된 방향으로 서 있는 거요."

어느 날, 가난한 남자가 시장을 지나가다가 식당 앞에서 풍겨오는 맛있는 음식 냄새를 맡으며, 자신의 빵을 꺼내 먹고 있었다.
식당 주인은 그 모습을 보고 화를 내며 말했다. "내 음식 냄새를 맡으며 빵을 먹었으니, 냄새 값을 내야지!" 사람들이 웅성거리자, 나스레딘이 나섰다. 그는 남자에게 동전을 꺼내라고 했고, 그 동전을 식당 주인의 귀 옆에서 흔들며 딸랑딸랑 소리를 냈다. 그리고 이렇게 말했다. "이 사람이 당신 음식의 냄새를 맡았으니, 당신은 그의 돈 소리를 들으면 되겠군요."

IN-FLIGHT

현지에서 건져 온 싱싱한 이야기 보따리

IN-FLIGHT OLD & NEW

Tashkent, A Gateway to Uzbekistan

여 행 의   관 문 ,   타 슈 켄 트

타슈켄트는 우즈베키스탄의 수도이자 정치, 경제, 문화의 중심지다.
자칫하면 간과하기 쉬운 타슈켄트의 매력들을 꼼꼼히 짚어보자.

Editor 조은영　**Photographer** 이규열

옛것과 현대적인 모습이 공존하는 대도시

타슈켄트Tashkent는 우즈베키스탄 여행의 시작과 끝을 담당하는 관문이다. 그런 이유인지 여행자들은 이 도시의 진가를 깨닫지 못하고 스쳐가기만 한다. 하지만 조금만 깊이 들여다보면 이 도시가 그리 만만한 곳이 아니란 걸 알게 될 것이다.

고층빌딩, 아파트, 소비에트 시대의 건축들, 잘 가꿔진 공원 등 현대적 모습에 가려진 이 도시의 진짜 모습은 2,000년 이상의 유구한 역사 속에 꼭꼭 숨겨져 있다. 고대에 실크로드의 요충지로서 번성했고 이후 다양한 민족들이 족적을 남겼다. 아랍, 카라칸 왕조, 호레즘 왕조 그리고 티무르 제국까지. 19세기엔 러시아 제국에 편입되어 중요한 위치로 성장했고 마침내 20세기 초 우즈베크 소비에트 공화국의 수도가 된다. 타슈켄트가 소비에트 스타일의 현대도시로 재건되어 오늘날의 모습이 된 것은 1966년 발생한 지진으로 도시의 상당 부분이 파괴된 것과 관련이 있다. 어쩌면 우리의 수도 서울처럼, 다른 역사적 도시들과는 구분되는 상반된 두 가지의 얼굴을 가진 곳이 타슈켄트라는 도시다. 이슬람과 소련, 현대가 공존하는 독특한 도시 풍경을 지닌 이곳은 깨끗하고 푸르다. 수많은 공원과 정원이 있어 '공원의 도시'라 불린다. 중앙아시아의 고대역사와 근대의 역동적인 변화를 가장 선명하게 보여주는 곳, 이제 당신에게 타슈켄트는 그저 스쳐가는 곳이 아니다.

응용미술박물관

1896년 러시아 내무부 특사로 타슈켄트에 파견되었던 외교관 알렉산더 Aleksandr Polovtsev Jr.는 상당한 취향을 가진 수집가였다. 타슈켄트의 상인이 소유했던 대저택을 구입해 그의 취향대로 개조해 4년 정도 거주했다. 이후 후손에게 넘어간 뒤 집은 매각되었고 제1차 세계대전과 소비에트 초기 시기에는 다양한 용도로 사용됐다. 러시아 건축미와 중앙아시아의 장식 예술이 조화롭게 어우러진 저택은 1937년부터 응용예술박물관의 전신인 수공예 전시관으로 활용되었다. 아름다운 집의 내부 외부를 면밀히 둘러보고, 집을 채우고 있는 화려한 예술품, 수공예품들을 구경하다보면 한나절이 금방 지나간다.

구도시와 신도시

타슈켄트의 인구는 약 270만 명(2025년 기준)이다. 다양한 민족과 종교가 공존하는 다문화 도시로 지금 이 시간에도 인구는 계속적으로 늘고 있다. '돌의 도시'라는 뜻의 이름처럼 오랜 역사와 함께 여러 제국의 지배를 받았고, 실크로드 시대에는 상업과 교역의 중심지였다. 현재는 지하철, 국제공항, 대학, 극장, 박물관 등의 인프라가 잘 갖춰진 우즈베키스탄의 정치 수도인 동시에 문화예술과 학문의 중심지가 되었다. 타슈켄트는 구도시와 신도시로 나뉜다. 두 지역은 각각 전통과 현대의 매력을 담고 있어 과거와 현재, 동양과 서양이 어우러진 독특한 도시의 정체성을 느낄 수 있다. 구도시에 남아있는 실크로드의 흔적들은 하즈라티 이맘 Hazrati Imam 복합단지에서 찾아볼 수 있다. 16세기 이슬람 건축물인 바라한 마드라사, 카피르칼리크 모스크, 우스만 코란(세계에서 가장 오래된 코란 사본 중 하나)이 보관된 도서관이 있다. 쿠켈다쉬 마드라사 Kukeldash Madrasa는 16세기 후반에 지어진 대표적 종교 교육기관으로, 타슈켄트 전통 건축 양식을 볼 수 있다. 초르수 바자 Chorsu Bazaar는 돔 형태의 전통시장으로 지역의 식문화와 생활상을 가까이서 경험할 수 있는 명소다. 시장 주변으로 좁은 골목과 진흙 벽돌 가옥들이 남아 있어 타슈켄트의 옛 정취를 느낄 수 있다.

신도시는 소련 시대 이후 계획적으로 조성된 지역이다. 광활한 도로, 현대식 건물, 공공 시설 등이 밀집해 있고 그 중심에는 아미르 티무르 광장과 지하철이 있다. 시민들의 휴식처인 아미르 티무르 광장 주변에는 우즈베키스탄 역사박물관, 티무르 박물관, 국립도서관, 나보이국립극장 등의 문화시설이 있다. 수준 높은 오페라, 발레, 콘서트 등의 문화 예술 이벤트가 수시로 열리니 여행자들은 특별한 추억을 덤으로 받을 수 있다.

타슈켄트 타워 Tashkent Tower는 높이 375m로 중앙아시아에서 가장 높은 구조물 중 하나다. 전망대에서는 내려다보이는 도시 전경을 통해 타슈켄트를 한 눈에 담아본다. 타워에서 가까운 곳에는 커다란 솥에서 전통음식 오쉬(플롭)를 만드는 광경이 펼쳐지는 유명한 오쉬 전문레스토랑이 있다. 타슈켄트 지하철은 소비에트 시절 예술과 건축의 아름다움을 발견할 수 있으니 몇 개 역을 방문해 보길 바란다. 즐거운 경험이다.

다민족 도시라는 점은 다양한 음식과 전통, 문화가 잘 어우러져 있다는 의미이다. 미식과 쇼핑을 좋아하는 이라면 이 도시에서의 체류가 길면 길수록 더 즐거워진다.

타슈켄트 지하철
1977년, 소비에트 연방 중 중앙아시아 최초로 개통된 타슈켄트 지하철은 단순한 교통수단이 아니라 지하의 미술관이라 불린다. 1966년 대지진 이후 도시 재건의 상징이자 자존심으로 만들어진 지하철역은 각기 다른 주제와 건축양식으로 꾸며졌다. 마블 대리석 기둥, 천장의 샹들리에, 이슬람 문양, 소련 선전 벽화까지—한 정거장씩 이동할 때마다 다른 미적 경험을 선사한다. 플랫폼에서 주변을 찬찬히 둘러보는 것만으로도 타슈켄트의 과거와 현재를 동시에 여행하게 된다.

초르수 바자르
타슈켄트에서 가장 오래된 전통시장으로 도시의 북쪽 올드타운의 중심부에서 천년 넘게 존재해 왔다. 초르수는 '네 갈래 길이 만나는 곳'을 뜻한다. 거대한 블루 돔 아래엔 향신료, 말린 과일, 견과류, 빵, 치즈, 고기, 장인의 도자기와 자수까지 진귀한 물건이 가득하다. 미로처럼 얽힌 작은 가게들 사이를 걷다보면 여행자들에게 웃으며 시식을 권하는 친절한 시장 상인들을 만날 수 있다. 타슈켄트의 삶과 온기가 고스란히 살아있는 풍경이다.

티무르 광장
타슈켄트 한가운데 위치한 티무르 광장은 과거 소련 시절엔 레닌 동상이 있던 정치 중심지였다. 독립 이후엔 '철의 군주' 티무르가 말을 탄 동상이 중앙을 차지하며 우즈베키스탄의 새로운 정체성을 상징하는 장소로 바뀌었다. 광장을 둘러싼 나무 그늘과 분수, 클래식한 건물들 사이를 걷다 보면 단단한 역사와 서정적인 풍경이 동시에 느껴진다. 밤이 되면 조명이 켜진 동상과 주변 거리가 아름답게 반짝이며, 타슈켄트 시민들의 산책 코스가 된다. 역사의 중심이자, 도시인들의 일상이 흐르는 장소다.

알리셰르 나보이 국립 오페라 발레극장
1947년 완공된 이 극장은 우즈벡 문화예술의 자존심이자, 타슈켄트에서 가장 아름다운 건축물 중 하나다. 설계자는 모스크바의 볼쇼이 극장을 설계한 알렉세이 슈추세프로, 외관은 고전 러시아 양식이지만 내부는 전통 문양으로 장식돼 이중적 매력을 자아낸다. 우즈벡 문학의 아버지, 알리셰르 나보이를 기리는 의미로 붙여졌다. 정기적으로 오페라와 발레 공연이 열린다. 건물 외부는 낮에도 아름답지만, 밤 조명이 들어올 때 더욱 빛난다.

IN-FLIHGHT ESCAPE

A day trip to Tashkent Region

도 시 탈 출

교외 지역으로의 여행은 도시인들에게 짧은 쉼을 선사한다.
타슈켄트 주로의 데이트립은 타슈켄트에 머무는 동안 꼭 시도해야 봐야 할 여행 속의
작은 여행이다.

Editor 조은영 **Photographer** 이규열

차슈마 마을 Chashma

타슈켄트 주의 파르켄트Parkent 지역에 있는 이 마을은 최근 우즈베키스탄 정부가 "투어리스트 빌리지"로 지정하고 2025년 공식 개장했다. 해발 약 1,300m에 자리해 맑은 공기, 수려한 자연 경관, 치유, 문화유산, 전통이 어우러진 곳으로 평가받는다. 흥미로운 점은 한국의 '안동 하회마을'을 모델로 기획되었다는 점이다. 전통무용과 의상 퍼포먼스, 현지음식 체험, 공예, 전시 등 소박하면서 정겨운 문화와 숙박 체험이 가능하다.

파르켄트 Parkent District

타슈켄트 리전 Tashkent Region은 타슈켄트 시와는 별도로 구분되는 별도의 행정구역으로 우리식으로 말하자면 '경기도'라 이해하면 쉽다. 타슈켄트 리전은 다시 15개의 소지역으로 나뉘는데 그 중 타슈켄트에서 동남쪽 방향으로 약 50km 떨어진 파르켄트 Parkent 지역은 차르박 저수지, 우감 차트칼 국립공원 등이 가까이 있어 경관이 빼어나다. 파르켄트의 고원지대 쿠무슈콘 Kumushkon 언덕 일대에는 몇 년 사이 에코-투어리즘을 표방한 프리미엄 가족 리조트들이 연이어 개장하고 있다. 말타기, 과수원 체험, 전통 요리 클래스 등 다양한 체험도 준비되어 있어, 단순한 휴양을 넘어 로컬과의 교감을 경험할 수 있다. 그중 댐 올리쉬 마스카니 Dam Olish Maskani 리조트가 막 개장을 앞두고 단장 중이어서 잠시 둘러 보았다. 여러 세대 대가족들이 함께 머물 수 있는 시설과 규모를 갖춘 것이 인상적이었다. 건조한 사막지대에서 살아온 이들에게는 산림 지대를 하이킹하며 폭포, 온천을 즐기고 자연에 파묻히는 경험이 얼마나 소중할까? 최근 이 지역이 더 주목받게 된 이유가 있다. 바로 차슈마 민속마을 Chashma Ethno-Village의 개장 소식이다. 이 마을이 관심을 받게 된 이유는 다름아닌 안동의 하회마을 모델로 조성되었다는 점에 있다. 체험형 관광 마을이라는 콘셉트의 차슈마 마을에서 방문자들은 주민들의 환대를 받으며 소박하지만 따뜻한 시간을 보낼 수 있다. 전통 공연 관람, 의상 체험, 전시 관람, 로컬푸드 시식 등을 하면서 박제된 역사가 아닌, 살아있는 현지인들의 삶에 한층 더 가깝게 다가갈 수 있다. 선진국형 휴가인 농가 휴양의 우즈벡 버전이라 볼 수 있겠다. 파르켄트주는 도시의 번잡함에서 벗어나 자연과 전통, 체험이 어우러진 소소한 여행지를 원하는 사람들에게 이상적인 곳이다. 실크로드 중심의 관광 일정을 살짝 벗어나 자연과 전통, 체험이 어우러진 소소한 여행지를 원하는 사람들은 이곳에서 우즈베키스탄의 또 다른 얼굴을 만날 수 있다. 파르켄트주는 예부터 비옥한 토양과 기후로 과수원이 많아 신선한 과일과 채소를 도시에 공급해 온 지역이다. 사과, 복숭아, 포도 등 신선한 과일과 현지 특산품을 구경하며, 작은 시장에서 현지인들의 삶을 엿보는 재미를 누려보자. 오래된 마드라사와 작은 사원들에서 소박하지만 깊이 있는 역사와 문화도 체험할 수 있다. 파르켄트의 포도는 전통적으로 와인을 만들어왔다. 우줌페르메 Uzumfermer 나 샤또 함코르 와이너리 Château Hamkor Winery 같은 양조장에 들러 식사와 와인 테이스팅을 즐기는 여유를 누린다면, 남과는 조금 다른 특별한 우즈벡 여행을 할 수 있다.

보스탄릭 Bostanliq District

보스탄릭 지역은 페르가나 계곡으로 가는 길목에 자리한다. 동쪽으로는 카자흐스탄과 국경을 접하고, 남쪽으로는 타지키스탄과 인접해 있다. 과거부터 광산업과 중화학 산업, 농업의 중심지였다. 앙그렌 탄광과 알말릭 광산은 국가 경제의 중요한 축을 담당해 구 소련 시절에는 계획 산업 도시로 빠르게 발전했던 곳이다. 이 지역의 가장 높은 지점은 3309m에 이르며 해발 1,600m 지점 산기슭에는 대규모 관광 스키 단지인 '침간'이 있다. 차르박 저수지 Chorvoq를 배경으로 한 침간 Chimgan은 '우즈벡의 스위스'라고 불리는 산맥들이 그림 같이 펼쳐지는 곳이다. 아미르소이 리조트 Amirsoy Resort는 이 지역을 대표하는 고급 산악 리조트다. 사계절 내내 다양한 액티비티와 근처를 조망할 수 있는 케이블카, 그리고 호텔과 샬레 등 숙박 시설이 있다. 겨울에는 스키, 스노보드, 곤돌라, 튜빙, 여름에는 하이킹, 짚라인, 산악 자전거, 전통 스파 체험을 하면서 자연 속에서의 휴식과 모험을 동시에 즐길 수 있다. 샬레의 인테리어와 시설은 감탄사가 나올 정도로 고급스러웠다. 리조트에는 사우나 시설 뿐만 아니라 레스토랑, 카페, 렌탈숍, 유아 놀이공간 등 부대시설도 완벽했다. 가족 단위로 방문하는 우즈벡인 뿐만 아니라 인근 중앙아시아 및 러시아에서 오는 외국인 고객들이 점점 더 많아지고 있는데에는 분명 이유가 있을 것이다. 숙박 고객이 아니더라도 아미르소이 케이블카에 오르면 인근의 아름다운 산과 계곡을 편안하게 감상할 수 있다.

타슈켄트 리전은 단순히 수도 주변의 위성도시가 아니라 산과 호수, 전통 요리와 포도밭이 펼쳐진 또 하나의 신세계였다. 도시의 세련된 레스토랑에서 먹는 음식과 시골의 작은 시장에서 경험하는 음식은 완전히 다른 경험이다. 우즈벡을 방문하는 이들이 이 지역에서의 작은 호사를 경험하길 바란다.

아미르소이 리조트

아미르소이 리조트는 우즈베키스탄에서 가장 현대적이고 규모가 큰 산악 휴양지, 스키리조트다. 2019년에 공식 개장했고, 타슈켄트에서 동쪽으로 약 65km 떨어진 서 천산 Tian Shan 마이가쉬칸 산맥 북사면에 펼쳐져 있다. 스키 슬로프의 고도는 1,630m에서 2,275m이며, 가장 높은 곳은 2,290m에 달한다. 40개의 럭셔리 샬레와 사우나 시설, 트레킹 코스, 케이블카, 레스토랑 등을 갖추고 있어 사계절 언제나 방문해도 좋다.

IN-FLIHGHT TASTE

A Table of Abundance
풍 요 의   식 탁

우즈베키스탄은 목축을 기반으로 한 몽골, 카자흐스탄과 비슷한 식문화도 있지만, 거기에 더하여 사시사철 풍요롭고 다채로운 식재료가 더해져 풍요로운 미식의 즐거움을 누릴 수 있는 곳이다.

Editor 조은영 **Photographer** 이규열

우즈베키스탄은 뚜렷한 사계절과 비옥한 토양, 그리고 오랜 농경 문화 덕분에 식재료가 풍부하다. 이를 한눈에 파악할 수 있는 곳은 전통시장과 호텔 조식당, 그리고 지역의 전통 레스토랑이다. 우선 시장에는 다양한 제철 채소와 신선한 과일이 넘쳐난다. 봄부터 여름, 가을에는 오디, 복숭아, 체리, 수박, 멜론, 살구 등 풍성한 과일과 오이, 토마토, 감자, 양파, 허브 등의 신선한 농산물이 넘쳐난다. 육류 중심의 요리만이 아니다. 채소와 곡물 위주의 요리도 많아 비건이나 채식주의자에게도 선택의 폭이 넓다. 렌틸콩, 병아리콩, 밀가루 등을 활용한 요리들, 특히 호박, 감자, 당근 등 저장 채소를 이용한 채식 라그만, 채소 수프는 사계절 접할 수 있는 채식요리다. 또한 수도 타슈켄트를 비롯한 관광 도시들에는 한식, 이탈리아식, 중동식 등 세계 각국의 레스토랑이 자리한다. 전통과 현대, 로컬과 글로벌이 어우러진 다채로운 미식 문화를 경험할 수 있다.

우즈베키스탄의 겨울 식탁은 어떨까? 춥고 건조해도 식탁만큼은 따뜻하고 풍요롭다. 겨울에 나는 신선한 재료와 오랜 유목, 농경 전통 속에서 발전해 온 저장 기술 덕분에 다양한 음식들이 식탁을 지킨다. 말린 과일, 절인 채소(피클류), 저장육(훈제·염장) 등이 풍미를 더하며, 양파, 감자, 당근, 무, 호박 같은 뿌리채소와 쌀, 밀, 병아리콩 등을 어렵지 않게 구할 수 있다. 특히 따뜻한 육수가 어우러진 면 요리 '라그만'은 겨울철 속을 든든히 채워주는 인기 메뉴다. 향긋한 향신료와 야채, 고기를 오래 끓여낸 수프인 수르빠Surpa도 겨울철 필수 메뉴다. 건과일, 견과류, 꿀, 전통 차, 치즈, 빵까지 다채로운 먹거리는 따뜻하고, 진하고, 넉넉하고, 건강하다.

풍성함과 건강함! 그것이 우즈베키스탄 요리의 핵심이다.

IN-FLIHGHT TASTE

On the Table
식 탁 위 베 스 트 10

1

빵 Non

빵의 나라! 이곳은 아시아지만 주식은 쌀이 아닌 빵이다. 식탁에 밥이 올라와도 이는 요리 중의 하나일 뿐, 어떤 식탁에도 빵은 꼭 필요하다. 논Non 은 우즈벡 전통 빵을 말한다. 소금, 밀가루, 이스트만 들어가기도 하고 버터 또는 동물성 기름을 넣기도 한다. 난처럼 화덕에 굽기도 하지만, 오븐에서도 구울 수 있다. 고기는 물론이고 밥 요리를 주문해도 식탁에는 빵이 어김없이 올려져 있는 것을 볼 수 있다. 우즈벡에서는 밥이 별미고, 빵이 주식임을 잊지 말자. 지역마다 빵의 모양, 두께, 무늬가 다르고 맛도 달라 지역별로 빵 맛보는 재미도 있다.

Buxoro

Namangan

Samarqand

Jizzax Zomin

Qo'qon

Toshkent

Farg'ona

IN-FLIHGHT TASTE

2

오쉬 Osh

'플롭'이라고도 부르는 밥(쌀) 요리로 결혼식이나 행사에 빠지지 않는 국민 음식으로 지역별로 맛과 조리법이 조금씩 다르다. 쌀과 기름, 당근, 양고기, 소고기, 말고기 등이 올라간다. 예로 사마르칸트 오쉬는 쌀 고기 당근을 섞지 않고 층층히 쌓아서 조리하여 먹을 때 섞는데, 다른 지역보다 기름기가 적고 깔끔한 맛이 특징이다.

3

국물 요리 Soup

수르빠 Surpa, 마스티바 Mastava, 마쉬후르다 Mashhurda

수르빠는 양고기와 두껍게 썬 당근, 감자, 양파에 딜과 파슬리 등 허브가 잔뜩 들어간 기름진 수프로 추운 계절에 잘 어울린다. 마스티바는 가정식 국밥 요리로 쌀이 들어간 진한 고기 수프다. 둘 다 수프지만 전자는 접대용, 또는 여러 가지 접시 중 식탁에 올라오는 요리이고 후자는 한 그릇으로 요기가 충분한 포만감 있는 가정요리다. 마쉬후르다는 녹두나 렌틸콩이 주인공인 수프 요리로 국물이 걸쭉하다. 야채를 넣어 채식으로도 가능하고 고기를 넣기도 한다. 카이막과 허브와 함께 즐긴다.

4

면 요리 Noodles

라그만 Lagman 나린 Norin

손으로 뽑은 수제 면요리를 통칭하는 라그만. 일반적으로 국물 있는 수프 라그만과 볶음 라그만 두 가지 스타일이 있다. 면의 쫄깃함이 포인트이다. 페르가나 지역의 라그만은 매콤해서 우리 입맛에 더 맞는다. 히바 지역의 면에는 시금치가 들어가 색도 맛도 독특하다. 나린은 칼로 얇게 썬 수제 면과 잘게 찢은 고기(주로 말고기 또는 양고기)를 기름과 향신료에 버무려 차게 혹은 따뜻하게 먹는 음식으로 타슈켄트 지역에서 자주 볼 수 있다.

5 만두 Dumplings

추치바라 Chuchvara, 만티 Manti, 솜사 Somsa

모두 중앙아시아의 만두 요리다. 적당한 크기의 찐 만두를 만티라 부르는데, 속에는 고기와 양파가 들어있다. 사워크림이나 식초 소스와 곁들이며 육즙이 풍부하다. 솜사는 고기 페이스트리다. 탄두르 오븐에 구워져 나오며 크기는 다양하다. 보통 삼각형이나 반달 모양이 많으며 길거리 간식으로 쉽게 접할 수 있다. 안디잔 지역의 솜사는 반죽이 얇고 바삭하며 속이 풍성한 것이 특징이다. 양파와 고기가 듬뿍 들어가 달큰한 맛이 난다. 추치바라는 국물 요리에 넣는 작은 만두를 말한다. 가벼운 한 끼 요리로 국물 속의 작은 보석이라 부른다. 히바에서 접할 수 있는 독특한 만두, 투훔바락 Tohumbarak은 반죽 속에 달걀 노른자와 허브가 들어있는 호레즘 지역의 전통음식이다.

6 롤 Roll

하눔 Khanum과 돌마 Dolma

하눔은 넓게 편 밀가루 도우에 속을 넣고 둘둘 말아 쪄내는 일종의 만두롤이다. 돌마는 어린 포도잎, 양배추잎에 고기, 쌀, 야채, 향신료를 넣어 돌돌 말아 찌거나 삶아냈다. 둘 다 우즈벡 가정식의 매력을 보여주는 고전적 요리다.

7 고기 Meat

샤슬릭 Shashlik 딤라마 Dymlyama 베쉬바르막 Beshbarmak

중앙아시아 사람들이 사랑하는 샤슬릭은 양, 소, 닭, 야채 등을 꼬챙이에 길게 끼워 숯불에 구운 것이다. 향신료와 양파로 마리네이드한 고기는 풍미가 진하다. 빵(논)과 생양파 슬라이스, 식초 소스와 함께 먹는다. 중동·터키·이란 등 이슬람 문화권에서 발달한 케밥은 꼬치를 포함해 굽는 방식, 서빙하는 형태 등 그 범위가 샤슬릭보다 넓다. 양고기, 감자, 배추, 당근, 토마토 등을 층층이 쌓아 천천히 끓인 찜 요리, 딤라마는 여름철 채소가 풍부한 시즌에 가장 맛있다. 우즈벡 뿐만 아니라 중앙아시아 유목민의 음식으로 유명한 베쉬바르막은 수제비처럼 넓은 면 위에 말고기를 올린 요리다. 양파와 허브, 감자가 접시 상단에 올라가기도 한다. '다섯손가락'이라는 음식명은 과거 손으로 먹은데서 유래되었다고 한다.

IN-FLIHGHT TASTE

8

반찬 Side dishes

아치추크 Achichuk **샤카로브** Shakarob **마르코브차** Morkovcha

우즈베키스탄의 식탁에도 반찬 또는 곁들임 개념의 작은 접시들이 상에 오른다. 샐러드와 피클류, 유제품으로 만든 소스 등이다. 샐러드 중 아치추크는 가장 단순하지만 주로 고기 요리나 오쉬와 곁들이는 국민 샐러드다. 토마토와 양파가 주인공이며 허브, 조미료, 고춧가루, 소금이 들어간다. 아치츄크와 비슷한 샐러드인 샤카로브에도 토마토, 오이, 양파, 허브가 들어가며 때때로 매운 고추를 넣는다. 둘 다 논(빵)과 곁들이면 훌륭한 점심 식사가 된다. 모로코브차는 한국식 당근 샐러드다. 고려인들에게서 유래된 음식으로 현지 시장가면 쉽게 볼 수 있다. 채 썬 당근, 마늘, 고추가루, 식초, 해바라기씨 오일 등이 들어가며 매콤, 새콤해서 고기요리와 잘 어울린다. 당근김치라고도 불린다. 비트샐러드 Beet Salad는 삶은 비트, 마늘, 호두, 마요네즈가 들어가는 러시아풍 샐러드다. 올리비에르 샐러드 Olivier Salad 는 러시아와 구소련 국가들에서 사랑받는 대표 샐러드로 '러시아식 감자 샐러드'로 불리기도 한다. 감자, 완두콩, 당근, 계란, 오이피클, 마요네즈, 닭고기 또는 소시지가 들어가 포만감이 있다. 이 외에도 삶은 고기, 무, 당근, 양파, 향신료가 들어가는 샐러드 타슈켄트, 구운 가지, 토마토, 피망, 마늘, 허브가 들어간 바쿠샐러드 등이 있다.

9

풍부한 과일 Fruits

뽕나무는 우즈벡인들의 마당이나 거리에서 가장 자주 발견된다. 우리가 알고 있는 검은색 오디 뿐만 아니라 하얀 색도 있다. 5~6월에 거리와 시장에 오디가 지천이다. 말려서 차와 곁들이기도 한다. 제철이 6월인 살구도 우즈벡 대표 과일 중 하나다. 특이한 것은 씨앗도 먹는다는 것인데, 맛이 궁금하다면 견과류 시장을 기웃거려보자. 우리나라의 살구와는 종자가 달라 씨앗에 독성이 없다는 우즈벡 살구씨는 고소하면서도 쌉싸름하다. 자두, 앵두 계열도 품종이 다양하고 크기나 맛이 다채롭다. 특히 알루차라는 작은 초록 자두는 새콤해서 소금에 찍어 먹는다. 복숭아, 사과와 함께 수박, 멜론이 지천인 여름은 과일이 있어 행복한 시즌이다. 물이 많고 달콤한 우즈베키스탄 멜론은 8~9월까지 여행자를 행복하게 해 준다. 가을엔 석류와 포도가 많다. 두 과일 모두 다산을 상징하며 '수자니'의 소재가 된다. 집 마당의 포도 덩굴 밑 그늘에서 차를 마시는 것은 전형적인 풍경이다.

10

유제품 Dairy Product

쿠르트 Qurt/Kurt **카이막** Qaymaq **수르트** Surt **아이락** Ayrak

쿠르트는 치즈볼이다. 발효된 요거트를 소금과 함께 반죽해 작고 둥근 형태로 빚어 말리면 저장성이 높아진다. 수프에 넣거나, 갈아서 소스 재료로, 또는 간식으로 소비한다. 쿠르트보다 수분 함량이 많아 꾸덕꾸덕한 질감의 발효 요거트인 수즈마는 소스나 곁들임 음식으로 먹는다. 카이막은 중앙아시아 전역에서 인기 있는 크림류 유제품으로 신선한 우유를 천천히 끓여서 만든다. 버터와 요거트 중간 정도의 농도와 풍미로 빵이나 오쉬과 함께 먹거나 디저트에 곁들인다. 수르트는 발효된 우유 또는 사워크림 비슷한 유제품으로 차갑게 해 샐러드나 고기 요리에 곁들인다. 신맛과 크리미한 질감이 특징이다. 요거트에 소금과 물을 넣어 만든 음료 아이락은 여름철에 인기가 많다.

IN-FLIHGHT TASTE

차 문화

역사와 현황

우즈베키스탄의 차 문화는 실크로드 시대부터 발달해 생활의 중심이 되어왔다. 특히 녹차는 일상에서 가장 많이 마시는 차다. 차는 단순한 음료가 아니라 환대와 정의 상징이며 일상 속 소통의 매개체다. 생산은 미미하지만 소비는 활발하다. 전통 디저트 할바와 함께 즐긴다. 우즈베키스탄의 기후 조건에서는 차나무를 산업 규모로 재배할 수 없으므로 80% 정도는 중국에서 수입한다.

차이하나 Chaykhana

전통 찻집인 차이하나는 과거 남성들이 모여 담소를 나누는 사교 공간이었다. 낮은 탁자와 쿠션이 깔린 '타판' 위에서 여유롭게 차를 즐기며 공동체의 유대를 다졌다. 오늘날의 차이하나는 남녀노소 모두에게 열려 있으며, 차뿐만 아니라 전통 요리까지 함께 즐길 수 있는 식당 겸 문화공간으로 발전했다. 현대식 인테리어를 갖춘 곳보다는 전통 건축 양식과 정원을 유지하는 차이하나에서는 현지인들의 문화를 체험할 수 있다.

세라믹 다구 세트 Ceramic Tea Set

차는 작은 사발에 담겨 나오며, 설탕이나 우유를 넣지 않고 마시는 것이 일반적이다. 짙은 푸른색과 금색이 어우러진 화려한 세라믹 티세트는 문화적 상징물이다. 리슈탄, 사마르칸트, 타슈켄트 등지에서 도자기 장인들이 수제로 제작하며, 아름다운 문양은 목화, 꽃, 별, 덩굴무늬 또는 이슬람의 기하학적 패턴이 반복된다.

할바 Halva/Kalva/Xalva

차를 많이 마시는 우즈베키스탄 식문화에 빠질 수 없는 것이 할바다. 페르시아와 아랍권에서 비롯되어 중앙아시아 전역으로 퍼진 할바는 크게 두가지 종류다. 밀가루, 우유, 버터, 설탕으로 만든 고소한 페이스트형, 다른 하나는 해바라기씨, 참깨, 견과류 등을 넣어 만든 식감 있는 할바다. 단맛이 진하고 고소해 차와 잘 어울리며, 손님 접대용, 명절 디저트로도 사용한다. 이 외에도 밀가루를 튀긴 꿀 과자, 차크차크 Chak-Chak와 박하사탕처럼 생긴 파르바르다 Parvarda 등도 차와 잘 어울린다.

나밧 Navat

우즈벡인들은 설탕 대신 나밧을 차에 넣어 달게 마시거나, 입에 물고 그대로 즐긴다. '진정한 나밧'은 설탕이 아니라 포도즙으로 만든다. 큰 카잔(솥)에 포도즙과 향신료를 넣고, 며칠간 결정화 과정을 거치면 수정 형태가 된다. 흰색, 노란색, 갈색까지 다양한 색상이다. 우즈벡인들은 나밧을 입에 물고 천천히 녹여가며 차를 마시는데, 이 방식은 당분 섭취를 서서히 조절하면서도 몸을 따뜻하게 유지하려는 지혜가 담겨 있기도 하다. 임산부와 병자에게 피로 회복, 영양 공급, 또는 감기 치료 등의 효과가 있다고 여겨 나밧을 권하는 전통이 있다. 전통시장에서 흔히 볼 수 있고 호텔 조식당에서도 발견할 수 있다.

IN-FLIGHT TRIP

Two Cities

극 과 극 ; 테 르 미 즈   v s   사 마 르 칸 트

사마르칸트에서는 모스크, 테르미즈에서는 불교 유적지를 만났고,
사마르칸트에서는 오아시스를, 테르미즈에서는 사막을 만났다. 달라도 너무
다른 극과극 두 도시 이야기!.

Editor 조은영 Photographer 이규열

캄피르 테페 Kampir Tepe, Alexandria on the Oxus
알렉산더 대왕이 아무다리야 강(당시 옥수스 강)근처에 세운 도시로 추정되는 유적지. 기원전 4세기 말에 건설되어 기원전 1세기 초까지 번성했던 도시의 흔적이다. 그리드형 거리 구조를 보이는 초기 헬레니즘 시대의 도시 계획, 그레코-박트리아 시대의 그리스어가 새겨진 동전, 그리고 쿠샨 시기의 불교 사원과 스투파 유적 등이 함께 발견되어, 세 문명의 연속성과 융합을 보여준다. 조로아스터교도, 불교도, 고대 그리스 신을 숭배하는 사람, 그리고 다양한 지역 종교의 신봉자들이 조화롭게 공존했었다.

고요한 시간, 테르미즈 Termez

우즈베키스탄의 최남단, 아프카니스탄과 국경을 마주한 테르미즈는 수르한다리야주의 주도다. 관광객으로 북적이지 않는 테르미즈의 유적지들은 끝없이 펼쳐진 모래 속에 묻혀있었다. 테르미즈는 화려함과 거리가 멀다. 조용히, 그러나 강한 아우라를 품고 2500년의 시간을 그렇게 존재해 왔다. 이곳에는 불교 유적지가 많다. AD 1세기부터 3세기까지 중앙아시아와 남아시아 지역에서 번영했던 쿠샨 왕조의 카니슈카왕 통치 기간은 테르미즈가 가장 역동적으로 번영했던 순간이다. 독실한 불자였던 카니슈카왕은 중앙아시아 전역에 불교를 널리 전파했고, 테르미즈가 그 중심에 있었다. 이를 입증하는 고고학적인 증거들이 꾸준히 발굴되고 있다.

7세기 당나라 현장법사는 성스러운 불교 경전을 찾고 불법의 진리를 얻기 위해 중앙아시아를 거쳐 인도로 여정을 넓혀 갔다. 〈서유기〉에는 테르메즈를 방문한 현장법사의 증언이 생생하다. 아무다리야 강을 넘어 도착한 곳에는 "승려 공동체 천 명 정도 있을 정도로 불교가 번성하고 있는 지역이 있음을 목격했다"라고 적고 있다. 이 기록은 역사적으로 확인된, 현장의 중앙아시아 순례 경로에 대한 매우 중요한 증거다.

불교는 당시 그곳에 살았던 사람들에게 있어서 삶의 가장 소중한 철학과 가치였다. 불교 철학들은 그림에서부터 시작해 조각상에 이르기까지 다양한 형태로 표현됐고 불교 사원들은 예술 작품으로 장식됐다. 아무다리야강 주변에는 테르메즈 외에도 불교 도시가 몇 개 더 있었다.

하지만 이 지역들도 결국 이슬람화가 되었다. 훈족과 사산왕조 페르시아에 의해 여러 번 침입을 받으면서 불교 사원들은 이슬람 교육을 위한 학교로 바뀌었다. 그러한 이유로 이 지역의 마드라사는 이슬람 건축 양식이 아닌 불교 건축 양식을 따른 것을 발견할 수 있다.

불교에서 이슬람, 그리스 문화에서 소련까지 다양한 종교와 문명이 포개진 테르미즈, 불교도들과 취향이 분명한 소수의 여행자들 외에는 찾는 이가 없는 이곳에는 오래된 삶의 흔적들이 뜨거운 햇볕 아래 모래와 함께 이글거리고 있었다.

이 도시에서의 시간은 누군가의 오래된 일기장을 한 장씩 넘겨보는 것 같이 낯설고 어색했다. 그러나 오래지 않아 평화가 찾아왔다. 여행자는 단지 유적만을 보러 오는 것은 아니다. 테르미즈의 진짜 매력은 '관광지'가 아닌 '삶의 단면'을 경험하는 데 있었다. 아이 손을 잡고 탱크 위에 올라가 세상을 보여주고 있던 아버지, 찾아오는 이가 많지 않은 고고학박물관에서 여행자에게 물 한잔 건네는 따뜻한 손길, 골목 찻집에서 마시는 진한 녹차 한 잔, 아이들의 웃음소리, 물가에서 첨벙거리며 열기를 식히던 사내들, 자유무역지대에 들어선 아울렛에서 만난 아프간, 타지키스탄 상인들...테르미즈의 모든 순간이 영화의 한 장면처럼 느릿느릿하다. 그리스어 'Thermós'에서 유래했다는 최남단 도시, 테르미즈는 그 이름처럼 너무나 '뜨거운' 곳이었다.

IN-FLIGHT TRIP

74

테르미즈는 우즈베키스탄 최남단, 아프가니스탄 국경 인근에 위치한다. 우즈베키스탄에서도 가장 더운 지역 중 하나다.
여름 온도는 50도에 육박하며, 겨울에도 간혹 영하권으로 떨어지기도 하지만, 눈은 거의 내리지 않으며 낮 기온이 15도 이상 되는 따뜻한 기후다.

테르미즈 고고학 박물관
그리스-불교-이슬람 문화 유물이 집대성되어 있으며, '토하리스탄의 공주' 프레스코 화작과 쿠샨 왕조의 조각들도 볼 수 있다.

파야즈 테페 Fayaz Tepe
1세기 쿠샨 제국 시대의 불교 유적지로 불상과 스투파(탑), 승려들의 숙소 터가 잘 보존되어 있는 불교 건축의 진수다. '실크로드의 불교 흔적' 고스란히 느낄 수 있고 고고학적으로도 가치가 높은 곳으로 1936년 첫 발견되어 발굴을 시작했다.

주르말라 스투파 Zurmala Stupa
붉은 벽돌로 쌓아올린 거대한 구조물은 1~2세기 건립된 우즈베키스탄에서 가장 오래된 스투파 중 하나다. '스투파'는 산스크리트어로 '돌무더기, 꼭대기'란 뜻이다. 벽돌로 쌓인 13.5m 높이의 대형 스투파는 외벽 부분이 단단하게 남아있어 고대 건축의 위엄을 실감할 수 있으며, 고고학적, 문화적 가치가 매우 높다.

에어리톰 자유경제지구 AIRITOM Free Economic Zone
에어리톰은 테르미즈 시 외곽에 위치한 자유경제지구(SEZ)로 쇼핑, 물류, 숙박, 의료, 전시관 등이 모여 있는 국제 무역 허브다. 아프가니스탄 및 주변국 상인들이 비자 없이 자유롭게 드나들며 무역, 구매, 판매할 수 있는 공간을 제공한다. 4000개 상점, 창고를 비롯해 브랜드 호텔, MICE시설이 있고 카자흐스탄, 키르기스스탄 무역관이 입점해 있다.

블루시티, 사마르칸트 Samarkand

사마르칸트는 징기스칸 이후 대륙을 호령했던 티무르와 그의 제국의 번영을 그대로 보여주는 옛 수도다. 우즈베키스탄 여행가이드북의 표지를 장식하는 대표 이미지인 레기스탄 광장이 바로 이곳에 있다. 사마르칸트의 푸른 건축물들은 단순한 장식이 아니다. 전설에 따르면 티무르는 하늘에 닿고 싶다는 염원을 담아, 건물마다 푸른 타일과 장식을 화려하게 배치했다고 한다. 이 때문에 오늘날 '사마르칸트 블루'라는 이름이 붙었다. 1994년, 세계관광기구(WTO)는 사마르칸트를 '실크로드의 심장'으로 선언하며 그 역사적 가치를 인정했고, 2001년 유네스코는 사마르칸트 역사지구를 세계문화유산으로 등재했다. 그 안에는 레기스탄 광장, 순례객들이 찾는 샤히진다 묘역, 티무르의 왕비를 위해 지은 비비하눔 모스크, 그리고 천문학의 거장 울르그벡이 세운 고대 천문대 등 시간 속에서 빛나는 명소들이 자리한다.

사마르칸트에 서면, 과거와 현재, 땅과 하늘이 교차하는 아름다운 순간을 마주하게 된다. 사마르칸트는 인구 60만여 명이 거주하는 사마르칸트주의 주도이며 우즈베키스탄 제 2의 도시. 수도인 타슈켄트가 고속도로와 고층빌딩, 지하철이 어우러진 현대 도시의 면모를 갖췄다면 사마르칸트는 문화 수도라 불러도 좋을 것이다. 타슈켄트가 현재의 우즈베키스탄을 상징한다면, 사마르칸트는 그 뿌리를 상징하니까. 두 도시는 상반된 색깔 속에서 우즈베키스탄이라는 나라의 과거와 미래를 말한다. 흥미롭게도 사마르칸트는 우즈베키스탄 대통령들의 고향이기도 하다. 초대 대통령 이슬람 카리모프는 사마르칸트에서 태어나 이곳에 묻혔고, 현직 대통령 샤브카트 미르지요예프 Shavkat Mirziyoyev 역시 사마르칸트에서 대학을 다녔고 이곳에서 정치 인생을 시작했다.

이 도시를 방문하는 이들의 동선은 거의 비슷하다. 레기스탄 광장, 비비하눔 모스크, 샤히진다, 구르 에미르, 초대 대통령 묘소, 울루그벡 천문대, 아프로시압 박물관 등… 덥지 않은 계절을 잘 골라 열심히 다닌다면 어쩌면 이틀 안에 '도장 깨기'가 가능할 수도 있다. 하지만 그것이 전부이던가? 생각해보면 때로는 크게 볼거리가 없는 도시가 오히려 여행자에게 더 많은 이야기거리를 남기기도 한다. 목적 없이 거리를 걷거나, 넋 놓고 카페에 앉아 지나가는 행인들을 바라보거나, 조식당 테이블에서 여유를 부리며 생각에 잠길 수 있는 시간을 선사해 주는 그런 도시들말이다! 사마르칸트는 아쉽게도 그런 도시는 아니다. 여행자들에게 한순간도 여유를 주지 않고 숨 가쁘게 밀어붙인다. 이야기를 쏟아 붓는다. 그런데 사마르칸트가 당신에게 말을 걸게 하려면, 기다림이 필요하다. 여행 전이든, 후든 이 도시를 통해 역사를 돌아보고, 다른 문화와 종교, 사람들을 이해해 보는 시간을 갖는 것이 중요하다. 혼자만의 시간, 조용히 오래된 벽화나 타일의 파편을 바라보다 보면, 어느새 사마르칸트라는 도시는 조용히 다가와 슬며시 당신 곁에 앉아 말을 걸어올지 모른다.

샤히진다 묘역 Shah-i-Zinda Ensemble

9세기부터 19세기까지 이어진 무덤 군으로 티무르 후손 및 이슬람 월드에서 존경받는 성인들의 묘가 있다. 그중 하나는 예언자 무하마드의 사촌이기도 한 쿠삼이븐 아바스 Kusam ibn Abbas 의 묘소인데 그는 사마르칸트의 수호성인으로 추앙받는 인물이다. 7세기 경 사마르칸트를 이슬람화하기 위해 이곳에 도착했고 순교 후 이곳에 묻혔다. '샤히진다'는 '살아있는 왕'이란 뜻이다. 무덤은 가장 아름다운 마졸리카 타일로 장식되어 있다.

비비하눔 모스크 Bibi-Khanym Mosque

14세기 말 티무르가 직접 건립을 명령한 대형 모스크로 아내 또는 어머니를 위해 헌정되었다는 설화가 전한다. 권력과 신앙심을 상징하는 이슬람 세계, 최대 규모의 모스크를 고향 사마르칸트에 세워 티무르 제국의 위엄을 과시하고자했다. 외벽 높이만 약 40m, 돔 높이 약 41m, 80m 높이의 거대한 미나렛이 있었다고 한다. 수세기동안 서서히 기울어지다가 1897년 지진으로 붕괴된 것을 복원 중이다.

레기스탄 광장 Registan

사마르칸트 여행이 시작되는 곳으로 울르그벡, 셰르도르, 틸랴카리 세 개의 거대한 마드라사(이슬람 신학교)가 마주 보고 서 있다. 낮보다 아름다운 밤의 레기스탄도 놓치지 말아야 한다. 광장 안쪽으로 들어가면 고요한 정원과 수공예품숍, 작은 차이하나(찻집)들이 이어진다.

구르아미르 Gur-e Amir

15세기 세워진 티무르 제국의 창건자 티무르의 영묘로, 그 시대의 예술과 건축의 정수를 보여주는 중요한 건축물 중 하나다. 페르시아어로 '왕의 무덤'이라는 뜻을 지닌 이 묘소에는 티무르와 그의 손자인 울루그벡, 아들 샤흐루흐 등이 함께 안장되어 있다. 정교한 무카라나스 장식과 금을 바른 화려한 내부가 인상적이다.

울르그벡 천문대 Ulugbek

15세기, 티무르의 손자인 울루그벡이 세운 천문대로 당대 최고의 과학자들이 별을 관측하던 곳이다. 지금은 거대한 사인각(각도 측정 기기)의 일부만 남아 있지만, 규모와 정교함은 놀랄만 하다. 티무르의 손자였던 울르그벡은 40년간 사마르칸트를 통치했다.

IN-FLIGHT TRIP

씨압 바자르 Siyob Bazaar
사마르칸트 최대 규모의 전통시장으로 샤히진다 묘역과 비비 하눔 모스크 바로 옆에 위치한다. 현지인과 여행객이 모두 찾는 시장이며 수공예품, 건과일, 견과류, 향신료, 꿀, 차 등의 기념품이나 논, 과일, 채소 등의 신선한 먹거리도 살 수 있다.

아프로시압 박물관 Aprogyab Museum
아프로시압 박물관에 전시된 벽화는 고대 고구려와 중앙아시아의 교류를 보여주는 중요한 유물이다. 7세기 중반, 소그디아 왕국 시기에 그려졌으며, 다양한 문화 사절단이 사마르칸트의 왕 바르크만을 방문하는 장면을 묘사한다. 서쪽 벽면에는 고구려의 복장을 한 사절단이예를 갖추어 인사를 하는 모습이 그려져 있다. 이 장면은 고구려가 실크로드를 통해 중앙아시아와 교류했음을 시사한다.

사마르칸트는 타직계 문화가 강하다. 이 지역 여성들이 시어머니와 시어머니의 친구에게 인사를 드리는 자리. 화려한 복장을 갖춰입고 정중히 고개를 숙이는 전통 인사법으로 겸손과 존경을 표현한다.

IN-FLIGHT ESSAY

On the Way to Oasis
모래 위에 피어난 두 개의 시간; 부 하 라 vs 히 바

어떤 도시는 천천히 쌓인 시간, 어떤
도시는 멈춰 있는 시간을 그대로
품고 있다. 부하라와 히바, 두 도시는
언뜻 비슷해 보여도, 그 안의 결은
전혀 다르다. 사막 위에 놓인 두 개의
고요하고도 다른 이야기.

Editor 조은영 **Photographer** 이규열

두개의 요새. 좌측은 부하라의 아르크요새 Ark Fortress. 히바의 쿠니 아르크 요새 Kunya-Ark Fortress. 부하라의 것은 10세기에 세워졌지만 80% 이상이 파괴되었다. 히바의 쿠니 아르크 요새 Kunya-Ark Fortress 는 17세기 칸이 거주하고 통치했던 궁전으로, 고요한 정원과 오래된 건축물들이 모여 있다. 돌계단을 올라 왕궁의 망루에 섰을 때, 왕의 시선으로 도시를 내려다볼 수 있다. 왕궁 내부는 호레즘 왕국 당시 사용된 생활용품과 무기들이 전시되어 있다.

IN-FLIGHT ESSAY

떠날 수 없는 도시, 부하라

히바를 떠난 우리는 6시간 동안 사막을 달려 부하라에 닿았다. 창밖으로 펼쳐지는 풍경은 모래색의 연속, 그러다 어느새 진흙빛 벽돌과 파란 타일, 낮은 지붕의 집들이 서서히 모습을 드러냈다. 부하라의 구시가지도 히바와 사마르칸트와 함께 유네스코 세계문화유산에 등재되어 있다. 히바를 막 떠나온 우리의 눈에 비친 부하라는 그야말로 큰 도시, 화려하고 거대한 도시였다. 그 옛날 사막을 가로질러 온 상인들의 기분을 백만분의 일 정도 이해할 수 있었다. 부하라는 풍요롭고, 아름답고, 거대한 오아시스였다.

가장 먼저 방문한 곳은 아르크 요새 Ark Fortress 다. 10세기 사만왕조 당시에 세워져, 부하라 칸국을 거치며 번성했지만 1920년 붉은 군대의 폭격으로 80% 이상이 파괴되었다고. 현재 20% 정도가 복원된 상태로 에미르의 궁전과 거처, 병기고, 감옥, 법정, 모스크 등을 둘러 볼 수 있다. 복원되지 않은 뒤쪽으로 가보니 파괴된 건물들이 흙 속에 묻혀 있었고 원형을 알 수 없는 잔해들이 도처에 널려 있었다. 시간의 흐름 속에서 도시는 흥망성쇠를 거듭하고, 사람들은 떠나고 흩어진다. 요새 위에서 도시를 내려다보던 누군가가 말했다. "우리는 한번도 부하라를 떠나지 않았어" 그 말은 이상할 정도로 무겁고 깊었다. 수백 년에 걸친 이야기의 결론처럼 들렸다. 부하라는 떠나기 어려운 도시다. 아니, 떠날 수 없는 도시일거다. 단순한 거주지가 아니라, 세대와 세대를 잇는 정체성의 터전이므로, 누군가는 이곳에서 아버지의 아버지가 만든 카펫을 짜고, 누군가는 자신이 다니는 마드라사 건물에서 조상이 공부했다는 이야기를 한다. 모스크의 기둥은 단지 종교적 구조물이 아니라, 가문과 마을과 기억을 지탱해온 기둥이기도 하다. 그러니 부하라 사람들에게 도시를 떠난다는 것은 정체성을 잃어버리는 것과 동일하다. "이곳을 떠나면 내가 누군지 모르게 된다"고 말하는 한 노인의 눈빛은, 단지 고향을 사랑해서가 아니라 존재의 뿌리를 이야기하는 눈빛이었다.

화려했던 첫 인상과는 다르게 부하라는 생각만큼 화려하지도, 인위적이지도 않는 곳이었다. 칼란 미나렛은 부하라의 심장처럼 우뚝 서 있고, 라비하우즈는 마치 시간의 안마당 같아서 여전히 사람들이 차를 마시고, 바둑을 두고, 고양이와 햇살을 나눈다. 부하라는 랜드마크보다는 '삶'이 중심인 도시로 걷다 보면 어느 순간 관광지가 아니라 사람들의 기억 속을 거니는 느낌이 든다. 우리는 '여행'을 새로운 것을 찾기 위한 일이라 생각하지만, 어떤 여행은 남겨진 것을 이해하기 위한 시간이 되기도 한다. 부하라가 내게 그랬다. 누군가는 떠나지 않고 지키고 있는 자리에서, 도시가, 삶이, 전통이 사라지지 않게 조용히 버티고 있었다. 그 날 들었던 한 문장은 이제 내 기억의 성벽 위에 새겨졌다. "우리는 한번도 부하라를 떠나지 않았어."

그 말은 마치 도시가 스스로에게 한 말 같았다

부하라에서 가장 높은 47m의 칼란미나렛 Kalon Minaret 은 12세기에 지어졌다. 몽골의 칭기즈칸 조차 파괴하지 않았다는 이야기가 전설처럼 전해진다. 높지만 섬세하게 조각된 벽돌 패턴 덕분에 위압감은 없다. 우아하고, 고요하다. 이 탑과 마주 보고 선 모스크와 신학교가 어우러져 만들어내는 풍경은 이슬람 건축미의 정점이다. 세상에 절대적인 진리는 없다. 아름다운 것은 아름다운 것. 인정할 것은 인정해야 한다는 것을 배운다. 칼란 미나렛은 특별히 야경이 아름답다.

IN-FLIGHT ESSAY

여행자들의 오아시스는 라비 하우즈 Lyabi Hauz 광장이었다. 중앙에 오래된 저수지(하우즈)를 중심으로 나무 그늘과 찻집들이 둘러싸여 있다. 여름의 부하라는 덥고 건조하지만, 이 광장에선 나무와 물이 만들어내는 시원한 공기에 잠시 더위를 잊을 수 있다. 그곳의 찻집에 앉아 녹차를 마시고, 백조들의 우아한 유영을 지켜보고, 현지인들의 대화를 엿들으며 시간을 보냈다. 저녁이 되면, 부하라의 하늘은 붉게 물들기 시작한다. 모스크의 둥근 지붕 위로 넘어가는 태양, 점점 어두워지는 골목길, 그리고 가끔 울려 퍼지는 아잔(이슬람 기도 소리). 그 순간만큼은 진짜 중세로 돌아간 듯한 착각이 들었다.

사토라이 모히호사 궁전
Sitorai Mokhi Khosa/Summer Palace

부하라 구시가지에서 약 4km 북쪽에 위치, 19세기 후반~20세기 초 마지막 부하라칸국 통치자들의 여름 별장지다. 칸의 부인을 위해 '별과 달이 머무는 곳'이란 시적 이름을 지었다. 러시아 제국의 영향이 짙어지던 시기의 건축물로, 중앙아시아 전통과 러시아/유럽식 건축이 혼합된 것이 특징인데 화려한 거울 장식, 스테인드글라스, 유럽식 벽난로와 가구 등이 전통 부하라식 장식과 벽화 등과 어우러져 아름답다. 전통 의상, 도자기, 실크, 보석류 등이 전시되어 박물관으로 운영되고 있다.

토키 자르가론 Toqi Zargaron
400년 전 모습을 그대로 간직한 전통시장으로 폭염과 강한 자외선을 피할 수 있도록 지어졌다. 당시 거상들의 거래가 이루어졌던 공간으로 환전소, 모자시장, 보석시장 등이 있었다.

팀압둘라거래돔 Tim Abdulla Khan Trading Dome
샤이바니드 왕조 시기인 1577년, 부하라 칸국의 통치자 압둘라칸 2세가 지은 돔형 실내 시장이다. 전통 페르시아 양식 기반의 '덮개형 시장' 구조로 설계된 정사각형 건물로 중심에는 직경 약 10 m의 높은 돔이 있고, 그 아래 아치형으로 갤러리와 상점들이 배열돼 있다. 지금도 다양한 상점들(카펫, 기념품), 수자니나 직조 전시공간, 찻집 등이 있다.

부하라는 한때 약350개의 모스크와 100여개의 마드라시가 있었고 지금도 이 중 140개의 역사적 건물이 남아있는 박물관 도시다. 건축물들의 축제 시기가 모두 달라서 여행자들에게는 차례로 시간 여행을 하는 느낌을 준다.
부하라는 한때 이슬람 세계의 중요한 학문 중심지였다. 울루그벡 마드라사와 미르 아랍 바드라사 같은 곳에서 그 흔적이 보인다. 부하라의 울루그벡 마드라사는 사마르칸트에 있는 울루그벡 마드라사보다 3년이나 앞선 건물이다.
건물 입구의 타일 무늬는 마치 수를 놓은 듯 정교하고, 내부로 들어가면 고요한 안뜰과 단정한 교실이 있다. 여전히 학생이 있는 곳도 있고, 관광객만 드나드는 곳도 있다. 하지만 그 자리에 수백 년 동안 이어져 온 지식과 기도가 고스란히 배어 있는 듯했다.

부하라에서 발견한 장신구와 칼, 카펫 같은 수공예품들은 유난히 오랫동안 마음에 남았다. 부하리안 실크 카펫은 페르시안 카펫에 대적할 만큼 명성이 자자하다. 카펫 하나 잘 챙겨오면 비행기 값 뽑는다는 이야기는 장사속이 아니다.

IN-FLIGHT ESSAY

시간 여행의 문을 열다, 히바 Khiva

우즈베키스탄 서쪽 끝, 카자흐스탄과 국경을 맞대고 있는 호레즘 주에는 신비로운 도시가 남아 있다. 바로 히바다. 호레즘은 고대부터 물과 농업, 상업이 번성했던 지역으로 히바는 호레즘왕국과 그 뒤를 이은 히바칸국의 수도로 400년 간 이 지역의 정리, 문화 중심지였다. 특히 카라반사라이(숙소)와 마드라사(교육기관)는 호레즘 상인들의 활발한 무역 활동과 학문의 전당 역할을 담당했다.

'히바를 보지 않고서는 우즈베키스탄을 여행했다고 하지 말 것', 여행자들이 공공연히 하는 말은 절대 과장이 아니다. 6세기부터 20세기까지 존속했던 호레즘 왕국의 심장부였던 만큼 번영과 함께 했던 시간이 그대로 박제되어 있었다. 이곳에서만 만날 수 있는 고유한 문화와 풍경은 단순한 관광이 아니라 그 자체가 특별한 인생 경험이었다. 그러니 여행자들은 오직 히바에서만 볼 수 있는 풍경을 찾아 이 먼곳에 발걸음을 한다. 오직 히바에서만 경험할 수 있는 음식, 문화, 이야기를 만나기 위해. 이 여행의 시작은 어쩌면 호레즘의 히바를 만나기 위한 여정이었을지도 모르겠다는 생각을 했다. 이찬 칼라의 성벽과 미나렛에 조명이 켜지면, 금빛 호레즘 왕국의 동화 같은 이야기가 시작된다. 신비로운 도시 히바.

IN-FLIGHT ESSAY

히바의 심장이라 불리는 구시가지 이찬-칼라 Ichan-Kala는 도시 전체가 유네스코 세계유산이다. 650m×400m, 0.26㎢ 규모의 직사각형 구시가지의 내부에는 약 50여 개의 역사적 기념물, 250채에 달하는 전통 가옥이 있다. 250채 가옥 중 일부는 사람들이 살고 있고, 나머지는 숍이나 식당, 숙소로 활용되고 있다. 10m 높이의 진흙 성벽 안, 작은 도시 하나가 살아있는 박물관인 셈이다. 성벽 안으로 들어가는 순간부터 중세시대로 입장하는 것이다. 화려한 타일 장식과 고풍스러운 미나렛, 돌과 벽돌로 정교하게 쌓아 올린 건물들.

성벽 꼭대기에 올라 먼 시야를 바라보니 끝없이 펼쳐진 사막과 푸른 하늘이 맞닿아 있다. 그리고 그 아래엔 푸른 타일이 빛나는 칼타 미나르가 우뚝 솟아 있다. 칼타 미나르는 '짧은 첨탑'이라는 뜻을 가진 첨탑(미나렛)이다. 1851년에 건축이 시작되었으나, 건축주였던 하즈라트 이맘 칸이 사망하면서 미완성 상태로 남았다. 당초 우즈베키스탄에서 가장 높은 미나렛이 될 예정이었으며, 그 높이는 약 70미터에 달할 계획이었지만 실제로는 약 29미터 높이에서 멈췄다. 그럼에도 불구하고 그 화려한 타일 장식과 다채로운 푸른, 녹색, 흰색 타일 패턴은 칼타 미나르를 히바의 대표적 랜드마크로 만들었다. 도시의 역사와 건축 미학을 한눈에 볼 수 있는 중요한 문화유산이다.

히바의 구시가지 골목은 좁고 구불구불해서 마치 미로 같지만, 걷다 보면 하나하나가 이야기보따리를 풀어내는 듯했다. 낡은 나무 창틀 사이로 고풍스러운 도자기와 수공예품이 아기자기하게 전시된 작은 가게들이 보였다. 가게 주인 할머니는 웃음 가득한 얼굴로 손님을 맞이하며, 직접 만든 자수와 전통 공예품에 대한 자부심을 드러냈다.

이찬-칼라는 성벽 안에 박제된 시간을 갖고 있는 도시다. 저녁이 되면, 황혼이 성벽을 덮고, 푸른 미나렛에 조명이 들어오면 히바의 진짜 이야기가 시작된다. 성벽 안은 하나의 미술 작품 같아서 걷는 내내 박물관, 어떤 장면 안에 들어와 있는 느낌이었다. 낮에는 그림 같고, 밤에는 시 같은 곳. 손에 닿을 듯 닿지 않는 시간, 느낄수는 있지만 만질 수 없는 느낌이랄까.

이슬람 호자 광장 Islam Khoja Complex과 이슬람 호자 미나렛 Islam Khodja Minaret 은 히바에서 가장 높은 56~57m 규모로 도시 전경을 내려다볼 수 있는 전망 명소다. 인근의 마드라사와 함께 둘러보면 좋다.

주마 모스크 Juma Mosque
218개 목조 기둥으로 지어진 내륙에서 드문 목조 예술의 대표적인 예이며, 일부 기둥은 10세기 오리지널이다.

아르다 히바 Arda Khiva
아르다 히바는 고대와 현대가 수로와 건축으로 함께 흐르는 히바의 새로운 관광지이다. 이찬칼라가 히바의 역사적 얼굴이라면, 아르다 히바는 미래의 명함이 될 것이다. 전통 양식으로 디자인된 20개의 호텔과 게스트하우스, 워터파크, 음악 분수, 숍, 전통 시장(바자르), 박물관 등이 있는 테마파크.

부하라가 과거와 현재가 섞여 있는 고요한 일상이라면, 히바는 접혀있는 책갈피가 펼쳐지면 멈춰진 시간이 재생되는 한 장의 필름이다. 부하라와 히바, 오늘날 이 두 도시는 모두 유네스코 세계문화유산으로 지정되어 그 역사적 가치를 인정받고 있다. 부하라의 광활한 유적지는 방문객들에게 실크로드 시대의 번영을 느끼게 하며, 히바의 성벽과 건축물은 중세 도시의 위용과 정체성을 생생히 전달한다. 여행자들은 부하라에서 느긋하게 학문과 예술의 숨결을 체험할 수 있고, 히바에서는 고대 요새 도시의 신비로움과 호레즘의 역사, 문화를 만날 수 있다.

누룰라바이 왕궁 Nurullabay/Isfandiyar Palace
이치 칼라 외곽에 위치한 19세기 말 궁전으로, 유럽·중앙아시아 양식이 혼합된 호화로운 실내 장식이 인상적이다. 호레즘 왕국 전시장으로 쓰인다.

호레즘과 히바칸국의 역사

6세기 시작된 호레즘 왕국의 뒤를 이은 히바 칸국(1511-1920)은 후기 호레즘 왕국이라 불리기도 한다. 우즈벡인과 투르크멘들의 아라브샤히드 왕조가 아무다리야 강 하류의 호레즘Chorasmia지역에서 건국했고, 20세기 초까지 중앙아시아의 대표 3대 칸국의 하나로 존속했다. 3대 칸국은 부하라 칸국, 히바 칸국, 코칸드 칸국이다. 히바 칸국은 1873년 러시아와의 국경 일대에서 분쟁이 일어나면서 러시아 제국의 침공을 받아 보호국 신세가 되었다가 1920년 공식적 멸망을 맞이하면서 호레즘 인민 소련 공화국 Horezm People's Soviet Republic이 된다. 1924년 소련이 중앙아시아를 민족 기반 공화국들로 재구성하며 두 개의 국가로 나뉘는데 바로 우즈베키스탄 소비에트 공화국과 투르크메니스탄 소비에트 공화국이다. 이때부터 히바와 우르겐치는 우즈벡, 쿠냐우르겐치(고대 호레즘 수도)는 투르크메니스탄 쪽으로 귀속된다. 1991년 소련 붕괴와 함께 투르크메니스탄 소비에트 사회주의 공화국은 '투르크메니스탄'이 되고 우즈베키스탄 소비에트 공화국은 '우즈베키스탄'이 되었다. 그러므로 뿌리를 타고 올라가면 히바와 투르크메니스탄은 같은 히바 칸국, 더 올라가면 '호레즘' 뿌리에서 나뉘게 된 것이다.

IN-FLIGHT GALLERY

Once in My Life
눈 맑은 이들과 어울려 살아보고 싶은 곳

IN-FLIGHT GALLERY

안창호 사진가

1. 우즈벡을 여행하면서 가장 인상 깊었던 점들이 있었나요?
국민들의 활기찬 모습, 사람 사는 냄새, 종교와 인종을 아우르는 포용력, 젊은이들이 많아 이 나라의 미래에 대한 기대감이 커졌습니다.

2. 만약 다시 간다면 하고 싶은 일은?
사마르칸트에 좀 더 오래 머물면서 구석구석 도시를 돌아보고 싶어요. 그리고 울루그벡 천문대와 테르메즈에서 야간 촬영을 할겁니다. 우즈베키스탄인들과 교류하면서 친구도 만들고 싶습니다.

3. 우즈베키스탄을 한마디로 표현한다면?
가능성의 나라. 무한대의 나라! 덧붙이자면 여행 중 "아! 이 나라에서 한번 살아보고 싶다."라는 생각이 들었던 유일한 나라입니다.

IN-FLIGHT INTERVIEW

My Uzbekistan

나의 우즈베키스탄

여행자의 시간과 로컬의 시간은 분명히 다르다.
우즈베키스탄 사업 8년차, 타슈켄트와 서울을
한달씩 번갈아 가며 살고 있는 글로벌 사업가
이창용 대표에게 물었다.
당신에게 우즈베키스탄은?

이창용 대표/회장
KOBEA GROUP CO., LTD
(사) 아시아모델페스티발
조직위원회 이사회 이사

안녕하세요. 우즈베키스탄과 한국을 반씩 오가며 살고 계신다고 들었습니다. 부럽군요, 어떤 일을 하시는지요?
중앙아시아 최초 라이선스 암호화폐 거래소인 우즈넥스UzNEX를 이끌고 있습니다. 우즈넥스는 2018년 우즈베키스탄 국가미래프로젝트청의 라이선스를 받아 중앙아시아의 블록체인 및 금융 혁신 허브로서 이 지역의 금융 미래를 구축하는 것을 목표로 운영하고 있습니다. 우즈넥스는 코베아그룹KOBEA에 의해 설립되었습니다. 코베아는 2018년 한국 과학기술정보통신부의 승인을 받아 설립된 한국블록체인기업인협회에서 시작되었으며 우즈베키스탄 디지털 경제 개발 사업의 공식 기술 자문 기관입니다. 한국의 첨단 기술을 활용해 국제 파트너들과 함께 국가 차원의 블록체인 프로젝트를 구축하면서 상호 성장하는 것을 목표로 합니다.

요즘 우즈베키스탄에 대한 관심이 점점 높아지고 있습니다. 외국인들에게 우즈베키스탄은 여러모로 매력적입니다. 여행과 사업은 다른 이야기라, 외국인의 사업환경이 어떤지 궁금합니다.
2017년 미르지예프 대통령이 당선된 이후, 우즈베키스탄은 개혁과 개방 정책을 꾸준히 시행하여 연평균 6% 이상의 경제 성장률을 달성했습니다. 3,700만 명의 인구 또한 약 2%의 성장률로 빠르게 성장하고 있으며, 평균 연령 29세의 젊은 국가입니다. 고려인 인구는 20만 명으로 추산되고 한국 내 우즈베키스탄 인구도 10만 명에 달합니다. 이는 양국 간의 오랜, 긴밀한 관계를 보여주지요. 사업가에게 우즈베키스탄은 상당히 우호적인 나라입니다. 3~4개국어를 하는 우수한 젊은 인재들을 한국대비 아주 적은 비용으로 채용하기도 좋습니다. 물류 이동의 어려움과 고율의 관세라는 문제도 있습니다만, 전반적으로 외국인 투자에 대해서는 매우 개방적입니다. 제 경험에 비추어봐도 외국인이라 겪은 불편이나 불합리한 경우는 없었던 것 같습니다. 오히려 한국 기업에 대한 깊은 신뢰도 및 친화성을 보이고 있습니다. 한국인으로서 한국과 그 국민에 대한 강력한 유대감과 선의를 지닌 빠르게 성장하는 나라에서 사업을 하는 것을 큰 영광으로 생각합니다.

> " 우즈베키스탄 사업 8년차,
> 이창용 대표에게 우즈베키스탄은
> 고향처럼 편안하다. "

우즈베키스탄과의 인연은 어떻게 시작되었나요?
2018년 우즈베키스탄 경제사절단이 한국을 방문했었어요. 암호화폐 거래소 설립, 디지털 경제 및 블록체인 기술 발전, 그리고 블록체인 기반 국가 행정 시스템 구축 등의 문제를 논의했고, 우즈베키스탄 정부와 한국무역협회, 농협중앙회, 한국증권거래소 등이 협약을 체결했어요. 그때 '한국블록체인기업인협회' KOBEA와도 암호화폐 거래소 설립 등에 관련된 협약을 체결했고 이후 우즈베키스탄 대통령의 지지를 통해 협약이 법률로 제정되었습니다. 이후 코베아그룹은 싱가폴, 홍콩의 파트너들과 세계적인 블록체인재단 카르다고 그룹의 이머고와 함께 우즈넥스를 설립하게 된 것입니다.

만약 친구나 지인이 우즈베키스탄을 방문한다면 어떤 곳을 안내해 주시거나 추천해 주시겠어요?
한국인으로서 우즈베키스탄이라는 나라 자체뿐 아니라 한국과의 끈끈한 관계를 가장 잘 보여주는 곳들을 추천합니다. 타슈켄트의 급속한 발전을 상징하는 타슈켄트 시티몰, 한국과의 유대감을 보여주는 대표적인 사례인 서울문 운하 거리, 실크로드의 수도 사마르칸트, 티무르 제국의 아름다운 도시 부하라, 그리고 고대 히바 등의 유적지입니다. 유네스코 세계문화유산인 왕국, 이곳들이 불러일으키는 낯설고 색다른 느낌을 전하고 싶습니다. 그리고 자랑스러운 한민족 고려인들이 운영하는 식당에서 불고기와 국시 한 그릇을 함께 나누고 싶습니다.

IN-FLIGHT INTERVIEW

오랫동안 해외에 거주하는 한국인들에게 음식은 어려운 과제라고 생각합니다. 우즈베키스탄에서 한국 음식이 그리울 때 찾아가는 곳이 있나요?
한류의 영향으로 한식당들이 아주 많습니다. 현지인들도 한국 음식을 좋아해서 한국 식품도 쉽게 구할 수 있지요. 그래서 음식으로 겪는 불편은 크게 없습니다. 교민식당이나 고려인들이 운영하는 식당도 자주 갑니다.

특별히 여행객들에게 특별히 해주고 싶은 조언이나 팁이 있으신가요?
타슈켄트의 매력에 대해서 알려드리고 싶어요. 역사적인 유적지와 현대적인 건축물이 공존하고 있고 우즈베키스탄의 정치, 경제, 문화적 중심지로서 발전해 왔습니다. 박물관, 미술관, 공원, 전통시장, 쇼핑몰 등 현대적인 인프라와 고대의 매력이 조화를 이루고 있는 글로벌 도시이죠. 그리고 우즈베키스탄의 이슬람 문화에 대해 편견을 거두고 존중의 마음으로 오시면 좋습니다. 88%의 인구가 이슬람이지만 종교적 이질감은 별로 없어요. 다만 돼지고기는 없고, 주류 판매하지 않는 식당들이 종종 있습니다. 얀덱스 앱이나 우즈벡어 러시아어 번역 앱은 준비해서 오시면 소통에 아주 편리합니다.

마지막으로 우즈베키스탄은 어떤 나라라고 생각하시나요?
우즈베키스탄은 다채로운 매력이 있는 나라예요. 130개가 넘는 다민족 구성의 나라이며, 실크로드의 문화가 살아있는 고대 왕국입니다. 소비에트식과 무슬림 스타일의 건축을 비교해 볼 수 있는 아름다운 건축의 나라이기도 하구요. 한국인들과의 교류는 고대부터 있어왔어요. 사마르칸트의 아포르시압 박물관에는 7세기 중반 신라 사절을 묘사한 벽화가 있는데 가보시면 아주 흥미롭습니다. 과거부터 현재에 이르기까지 한국에 대해 굉장히 우호적입니다. 한국어를 하는 현지인들도 많고요 그래서 멀지만 가까운 나라라는 말도 덧붙이고 싶습니다.

향후 계획은요?
블록체인 및 IT 분야를 포함한 많은 한국 및 해외 기업들이 우즈베키스탄에 진출할 수 있는 관문이 되고자 노력하고 있습니다. 현재 우즈베키스탄 시장 진출을 희망하는 국제 암호화폐 프로젝트를 위한 글로벌 상장 프로그램을 운영하고 있어요. 최근 미국 달러 기반 스테이블 코인인 테더(USDT)지원을 통합하여 중앙아시아 지역 달러 기반 시장에 대한 접근성을 확대했습니다. 또한, 테더의 금 기반 실물 자산 토큰(XAUt)을 우즈베키스탄 시장에 곧 출시하여 투자자들이 디지털 금에 접근할 수 있도록 할 예정입니다. 이러한 국제 표준 암호화폐 지원을 통해, 빠르게 성장하는 우즈베키스탄 디지털 경제와 투자자들을 글로벌 시장과 연결하는데 역할을 하고 있습니다. 앞으로도 우즈베키스탄의 경제 발전과 양국 간 문화 교류를 증진하는 데 기여하고자 합니다.

건승을 빕니다.
감사합니다. 우즈베키스탄에 오시면 연락주세요, 그리고 향후 우즈베키스탄에 진출하고 싶은 분들도 연락주시면 조그만 도움이라도 되도록 노력하겠습니다.

서울문은 타슈켄트의 '핫플레이스'다. 서울문의 낮과 밤의 모습. 오른쪽 하단은 소비에트의 건축의 아름다움을 보여주는 로마노프 궁전이다. 제정 러시아의 마지막 황제 니콜라이 2세의 삼촌인 니콜라이 콘스탄티노비치 로마노프가 19세기 말에 유배되어 살았던 저택으로, 로마 비잔틴 양식으로 지어졌다..

IN-FLIGHT INTERVIEW

My Korea
나 의 한 국

카몰라 체르마세바. 이국적인 외모와 의상으로 눈길을 끌지만 엄연히 한국 여권을 가지고 한국어를 유창하게 하는 김포 주부다. 그녀의 한국 생활이 궁금했다.

" 저에게 한국은 남편의 나라가 아니라 이제, 제 나라입니다. "

카몰라 체르마세바
Kamola Chermasheva

안녕하세요? 한국에 오신지 얼마나 되셨나요?
16년 전 한국에 우연히 왔다가 결혼하면서 한국에 정착했습니다. 현재 아이 넷을 둔 엄마입니다. 한국어는 우즈벡어와 어순이 똑같아요. 그래서 단어만 열심히 외우면 되니까 그리 어렵지 않았어요. 그렇군요, 그럼 한국인에게도 우즈벡어가 어렵지는 않겠네요? 맞아요. 어렵지 않습니다. 남편도 우즈벡어를 아주 잘한답니다.

두 분이 어떻게 만났는지 궁금해요.
한국에 온 지 얼마 되지 않았을 때, 친구들과 식당에 갔다가 옆 테이블에서 식사를 하고 있었던 남편과 대화를 하게 되었어요. 그날 전화번호를 교환했고, 결혼까지 하게 됐습니다. 오래전 이야기네요. 그때만 해도 제가 이곳에 정착하게 될 거라고는 생각도 못 했습니다. 남편이 참 좋은 사람이라 제가 행운이지요. 지금까지 잘 살고 있고 한결같이 잘해줘서 행복합니다.

얼마전 '안디잔Andijan'에 다녀오신다고 하셨는데, 안디잔 소개 좀 부탁드릴게요.
맞아요. 친정이 '안잔'에 있어요. 저희는 사투리로 '안잔'이라 부릅니다. 안디잔은 우즈베키스탄에서 네 번째로 큰 도시이자 안디잔주의 주도입니다. 인구는 약 50만 명 정도, 자동차, 섬유, 농산물 가공산업이 발달한 공업도시예요. 티무르 제국의 마지막 황제 바부르(Babur)의 고향인데, 이 바부르가 후에 인도로 건너가 무굴 제국의 창건자가 되었습니다. 그래서 안디잔에는 바부르의 이름을 딴 기념 공원, 박물관, 동상 등이 있습니다. 여러분들이 다녀온 관광도시들에 비해서 이슬람 전통이 매우 강하게 유지되는 보수적인 지역이라 술은 절대 안되고, 저처럼 여자들은 거의 히잡을 쓰고 다닙니다. 그리고 대우자동차 공장도 있어요. 자랑거리가 하나 있는데, 우즈베키스탄 내에서 체육 명문 도시로 알려져 있습니다. 역사 깊은 안디잔 펜싱학교 출신의 출중한 펜싱 선수들이 많습니다. 복싱과 역도 분야도 아주 강해서 저희 지역 출신의 세계 챔피언들이 많습니다. 타슈켄트에서 동쪽 방향으로 차량 약 5~6시간 정도 걸립니다.

안디잔에 여행자로서 간다면 어떤 것을 기대할 수 있을까요?
바부르 관련 유적들을 돌아볼 수 있습니다. 유명 관광도시가 아니다보니 현지인들의 모습을 여과 없이 볼 수 있을 것 같고요, 키르기스스탄과 아주 가깝습니다. 차량으로 30분 정도면 국경을 넘어 키르기스스탄에 다녀올 수 있다는 것도 흥미롭습니다.

차 타고 국경 넘기, 색다른 경험일 것 같습니다. 무슬림으로서 한국 생활은 어떠신지요?
처음 한국에 왔을 때는 많이 놀랐어요. 저는 보수적인 이슬람 지역에서 나고 자랐기 때문에 한국 젊은이의 자유로운 연애 문화와 개방적인 사고에 충격을 받기도 했죠. 곧 동화가 되어 저도 7~8년 정도는 히잡을 벗고 지냈어요. 그러다가 결혼 후 아이들을 키우면서 우리 아이들은 이슬람식으로 키우고 싶다는 생각이 들었지요. 그래서 마음을 다잡는 의미로 히잡을 쓰기 시작했습니다. 제일 힘든 점은 음식이지요. 당시만 해도 할랄 인증 받은 식재료가 흔하지 않았으니까요. 지금은 중앙아시아 식당도 많고 식재료도 풍부해졌습니다.

아이들 때문에 진지한 무슬림으로 복귀했다고 하셨는데요, 설명을 좀 더 해 주시면 좋겠습니다.
한국에 오기 전에는 종교에 대해서 한 번도 깊이 생각해 본 적이 없었어요. 모두가 이슬람이었으니까요. 그런데 와서 보니 '세상에는 다양한 종교가 있고, 사람도 문화도 다양하구나' 하고 느꼈습니다. 이슬람을 내 종교로 다시 한 번 스스로 선택하게 되면서 종교에 대해 조금 더 진지해진 것입니다. 아이들이 네 명 있는데 양재에 있는 국제학교에 보내요. 여러 문화, 다양한 국적의 친구들과 편견 없이 어울리게 해 주고 싶어서지요. 하지만 가정교육은 이슬람식으로 받고 있습니다. 교육 때문에 이집트에 2년 정도 무슬림 유학을 다녀왔어요. 온 가족이 함께 갔었는데 좋은 경험이었고, 그때 넷째가 태어났답니다. 그래서 얘는 고향이 카이로예요.

지금은 어떤 일을 하고 계신가요?
경찰서나 병원, 외국인 복지센터 등에서 통역 일을 하다가 요즘은 아이들을 챙기면서 가정에 집중하고 있습니다. 남편이 요식업을 하고 있어서 가끔 남편이 하는 식당에 나와서 알바도 합니다.(하하) 사실은 고향 음식이 먹고 싶어서 오는 거예요. 여기 셰프님이 제 고향인 안디잔 출신이시거든요. 한국에서 제일 아니, 우즈베키스탄보다 더 맛있는 우즈벡 식당이라고 자신있게 말씀드릴 수 있습니다 식당명은 제 딸의 이름을 따서 '라이욘'이라고 지었습니다.

카몰라씨에게 한국은 어떤 곳인가요?
살기 좋습니다. 안전하고요. 자기만 성실하다면 경제적으로 힘든 점이 거의 없는, 열린 기회의 땅입니다. 종교를 떠나서 저는 사람들이 친절해서 좋습니다. 이렇게 한국에 잘 적응할 수 있게 도와준 남편과 친구들에게 언제나 감사하게 생각해요. 저희와 비슷한 한국-우즈벡 커플들과 자주 교류하는데 저에게는 이들이 가족이나 마찬가지랍니다. 저에게 한국은 남편의 나라가 아니라 이제, 제 나라입니다.

IN-FLIGHT TRAVEL TIPS

For Your Next Trips
진 지 한   여 행   조 언

정말로 떠나고 싶다면, 우즈베키스탄을 다음 여행지로 정하고 싶다면, 피가 되고 살이 될 조언들

'스탄' 국가들, 모두 비슷비슷해 보인다. 중앙아시아 3국, 5국 패키지 상품이 많이 나와있는데 이걸 선택할까 우즈베키스탄만 집중해서 여행하는 것이 나을까 고민 중이다.

우즈베키스탄, 카자흐스탄, 키르기스스탄, 타지키스탄, 투르크메니스탄… 중앙아시아 5국이라 불리는 나라들이다. 한때 모두 소련에 속해 있었고, 실크로드의 문화를 공유하며, 이슬람 문화권에 속한다. 지리적으로도 가깝다 보니 모두 비슷해 보이는 것이 당연하다. 하지만 우즈베키스탄을 여행해 보면 이 생각은 단숨에 뒤집힌다. 3국, 5국 패키지여행 보다 중앙아시아 입문용으로는 당연히 우즈베키스탄 집중 여행상품을 추천한다. 그 다음 중앙아시아를 천천히 알아가기를!

우즈베키스탄과 비교해서 다른 ~스탄 국가들의 특징이 궁금하다.

우즈베키스탄은 고대 도시 문명이 살아 숨 쉬는 문화유산 중심의 여행지다. 사마르칸트, 부하라, 히바 같은 도시는 이슬람 건축의 정수이자 실크로드의 역사적 중심지로, 유네스코 세계유산에 등재된 수많은 유적들이 밀집되어 있다. 푸른 타일로 장식된 마드라사와 모스크, 수자니·이캇·카펫 등 화려한 수공예 전통이 남아 있어 '시간이 멈춘 듯한 중세 이슬람 도시'를 체험할 수 있다. 철도와 항공이 발달해 도시 간 이동도 편리하며, 물가도 저렴한 편이다. 사람들은 친절하고 외국인에게 호의적이어서, 문화와 사람, 시장, 길거리 풍경 등에서 '정서적 풍요로움'을 느낄 수 있다. 카자흐스탄은 거대한 대지와 초원, 자연 풍광이 중심이 되는 여행지다. 수도 아스타나(누르술탄)와 알마티 같은 도시는 현대적인 스카이라인을 자랑하며, 고층빌딩과 국제적인 쇼핑센터, 미술관 등이 발달했다. 천산산맥, 찬디강 협곡, 대초원 등 웅장한 자연은 트레킹, 캠핑, 생태 여행에 적합하다. 유목문화의 흔적이 남아 있어 승마 체험이나 게르 숙박도 가능하다. 도시보다는 자연 속에서 스케일 큰 감동을 받기를 원하는 여행자에게 어울린다.

키르기스스탄도 '유목'과 '실크로드'라는 키워드는 비슷하다. 거대한 산악 지형과 자연을 전면에 내세우는 자연 중심 여행지로 도시보다는 광활한 자연 속에서 유목민의 삶을 체험하고 싶어하는 여행자에게 적합한 곳이다. 국토의 90%가 산지로, 천산산맥과 잔카르카 산군 등 해발 3,000m 이상의 험준한 산들이 즐비하다. 이곳의 대표 관광지는 이식쿨 호수, 송쿨 호수, 알라아르차 국립공원, 카라콜 트레킹 루트 등으로, 하이킹·승마·유르트 숙박과 같은 생태 및 모험 관광이 발달해 있다. 키르기스스탄은 유목 중심의 터키계 문화와 러시아의 흔적이 섞인 소박하고 단순한 분위기다. 이에 비해 우즈베키스탄은 정교한 장식과 건축미를 자랑하는 페르시아·이슬람 문화의 영향을 많이 받은 도시 중심 문화다.

타지키스탄과 튀르크메니스탄의 특징은 어떠한가?

타지키스탄은 중앙아시아에서 가장 산악 지형이 많은 나라로, 국토의 90% 이상이 고산지대다. 그중 '세계의 지붕'이라 불리는 파미르 고원과 이를 따라 이어지는 파미르 하이웨이는 모험과 자연을 사랑하는 여행자에게 최고의 코스다. 도로 사정은 열악하지만, 그만큼 때묻지 않은 태초 자연의 풍경이 펼쳐진다. 타지크인은 페르시아계 민족으로, 주변 튀르크계 국가들과는 언어와 문화가 다르다. 수도는 두샨베, 실크로드의 유산이 깃든 이스타라브샨, 페냐크트 같은 고대 도시에서는 타지크 전통과 유물을 접할 수 있다. 관광 인프라는 아직 부족한 편이다. 튀르크메니스탄은 세계에서 가장 폐쇄적인 국가 중 하나로 꼽으며, 관광 비자를 받기 어렵고 여행은 정부가 허가한 가이드 동행 하에 이뤄진다. 하지만 그만큼 '비현실적이고 신비한' 체험할 수 있다. 수도는 아시가바트로 대리석 건물과 거대한 기념비가 즐비하며 사막 한복판에서 불타는 거대한 구덩이인 '지옥의 문Darvaza Gas Crater'은 튀르크메니스탄을 세계적인 미스터리 여행지로 만든 주인공이다. 실크로드 유산으로는 메르브와 코니우르겐치 같은 유적지가 있으며, 이는 유네스코 세계유산에 등재되어 역사적으로도 높은 가치를 지닌다. 결국 타지키스탄은 자연을 따라 걷고, 사람들과 조용히 어울리며 고요한 일상을 음미하는 여행에 가깝다면, 튀르크메니스탄은 고립과 통제를 넘나드는 체제의 이면 속에서 비현실적인 풍경을 목격하는 여행이다. 두 나라는 쉽게 갈 수 있는 곳은 아니지만, 그렇기에 더욱 특별한 여행이 될 수 있다.

IN-FLIGHT TRAVEL TIPS

중앙아시아 자유여행의 기점으로 좋은 도시는?
접근성 면에서는 타슈켄트와 알마티가 좋다. 중앙아시아 내 다른 도시들에 비해 항공편이 잦고 가격도 저렴하다. 또한 도시간 이동하는 교통편인 버스, 기차, 비행기편이 모두 다양하다. 항공은 스카이스캐너 앱을 통해서 알아본다.

중앙아시아에서 가장 부유한 나라는? 혹은 여행자에게 물가가 가장 비싼 나라는?
카자흐스탄이다. 가장 부유한 나라이며 도시 인프라와 경제 수준이 높다. 그러므로 여행 가격도 이에 비례한다. 우즈베키스탄의 물가는 카자흐스탄 다음이며 도시 관광 인프라가 잘 되어 있어 여행하기 편리하다.

우즈베키스탄에서 택시를 이용하는 방법은?
우즈베키스탄은 택시 요금이 저렴해 부담 없이 이용할 수 있다. 시내 어디를 가든 30분 이내이며 요금은 4~5USD가 넘지 않는다. 1시간 거리, 약 50km 정도 이동하는 경우에도 10~12 USD면 충분하다. 택시는 얀덱스 Yandex Go 앱을 모바일에 설치하고 이용하면 된다. 가장 저렴한 요금인 Economy는 에어컨이 없는 차량이다. 에어컨 있는 차량을 이용하고 싶다면 Comfort 등급 이상을 선택한다.

타슈켄트, 사마르칸트, 부하라, 히바 간 이동 시 기차티켓을 구하는 방법은?
먼저 아프로시얍 Afrosivob 이라 불리는 고속열차는 타슈켄트 ↔ 사마르칸트 ↔ 부하라간 운영된다. 소요 시간은 타슈켄트 ↔ 사마르칸트: 약 2시간 10분, 사마르칸트 ↔ 부하라: 약 1시간 40분 정도 걸리며 요금은 이코노미: 약 25불, 비즈니스: 약 35불, VIP: 약 55불 정도다. 유의할 점은 성수기에는 빠르게 표가 매진된다. 두 번째는 샤크스피드기차 Sharq Speed Train로 일반 열차다. 고속열차보다 느리게 운행되며 사마르칸트 부하라의 경우 6시간, 요금은 약 11 USD다. 우즈베키스탄 기차는 공식 앱 또는 웹사이트 (eticket.railway.uz)를 통해 모바일이나 PC로 예약이 가능하며 비자, 마스터카드로 결제 가능하다. 오류가 자주 생기니 예약할 때 꼼꼼히 확인하는 것이 좋다. 기차 예약 시에도 여권이 필요하다. 히바까지는 꽤 멀어서 국내선을 이용하는 것이 좋다.

레스토랑 이용 시 유의점이나 알아둘 내용은?
입구에 손 씻는 세면대가 있다. 지역에 따라 술을 팔지 않는 곳도 있다. 테이블에 올려둔 빵과 음료들은 먹었을 경우에만 계산서에 추가된다. 전체 요금에 15%에서 20% 정도 세금이 붙는다는 것도 알아두자. 팁은 별도로 주지 않아도 된다.

화장실은 유료인가?
백화점이나 공항 등의 화장실은 제외하고 관광지 화장실들은 대체로 유료다. 요금은 약 2,000~5,000UZS이며 현금으로 준비해야 한다. "화장실이 어디예요?" 우즈벡어로 Hojatxona qayerda?(호자트호나 카예르다?) 정도 알아두면 유용하다. 휴지가 없을 경우를 대비하여 미리 챙겨가자.

여행 준비물은?
양산, 선크림, 모자, 스카프, 운동화, 선글래스, 화장실용 휴지, 물티슈 등을 챙기자. 텀블러나 보온병도 유용하다. 우즈벡인들에게 감사의 표시를 하기 위한 작은 선물도 준비하면 좋다. 컵라면, 누룽지 등 냄새 나지 않는 한국 음식이라면 챙겨도 좋다. 재활용 물컵, 과도 등 간단한 용품. 신용카드 등...

물가는 어느 정도인지 가늠을 할 수 있도록 비교해 줄 수 있을까?
로컬 식당 간단한 1인 식사비용은 25,000 – 40,000 UZS, 3,000~5,000원 정도이지만 관광객이 주로 가는 중급 레스토랑의 1인 식사비용은 10,000~30,000원 정도다. 커피 1잔은 20,000~35,000 UZS, 약 2,200~4,000원 정도이다. 지하철/버스는 1,400~2,000UZS, 약 200~300원 정도이나 택시 값이 워낙 저렴하니 택시를 주로 이용하면 된다. 숙박은 중급 호텔 (3성급)의 경우 500,000 UZS~, 약 60,000원 내외, 로컬 고급 호텔이나 부티크 호텔(4~5성급)의 경우 약 8~20만원 사이로 다양하다.
인터내셔널 브랜드 호텔은 30~35만원이 넘는 경우도 있다. 가성비 있게 혼자 여행하는 여행자의 경우 숙박은 약 40,000~60,000원, 식비 약 20,000~30,000원, 관광/기타: 약 5,000~10,000원 정도로 교통비, 특별한 클래스나 체험, 투어를 제외하면 하루 10만원 이내 예상해 볼 수 있겠다.

현지에서 하는 요리나 영어로 진행되는 투어 프로그램을 예약하고 싶을 경우 참고할 만한 사이트는?
에어비앤비 익스피리언스, Get your guide, 마이리얼트립, 비에이터 등은 자유여행자들에게 아주 유용한 사이트들이다. 여행 하루나 이틀 전에 예약해도 되는 경우도 있으니 현지에서도 체크해 볼 수 있다.

팁 문화는 어떤가?
팁을 줄 때는 현지 통화인 UZS가 선호된다. 관광지에서는 외국인을 대상으로 팁을 기대하는 경우가 늘고 있지만, 부담스럽게 요구하진 않는 편이며 서비스에 만족했을 때만 선택적으로 주면 된다.
벨보이: 짐을 들어줄 경우 5,000~10,000 UZS (약 600~1,200원)
룸 청소: 하루 5,000~10,000 UZS 정도 남기면 좋고 운전기사: 장거리 운행 시, 10,000~30,000 UZS 정도 감사 표시로, 레스토랑에서는 보통 5~10%, 서비스차지가 붙어있으므로 팁이 의무는 아니다.

미리 준비해야 할 유용한 앱은?
필수 교통 앱으로 얀덱스가 있다. 그 외 구글맵, 아고다, 트립닷컴, 구글번역 또는 파파고 등 여행관련 앱들은 언제나 유용하다.

귀국하는 당일 시간이 애매하게 남는다. 무엇을 하면 좋을까?
타슈켄트에 있는 한국 사우나에서 목욕도 하고 수면실에서 잠시 쉬면 귀국길이 개운하다. (주소 Tashkent Mirabad district Sarakulka street Sumbula 52/ +998 90 988 6391, 문의는 998 90 988 6391/ 3층 아레나케이존 PC방, 2층 디오픈 스크린골프, 1층 파라다이스마사지, 1층 던케이마트, 지하 파라다이스 한국사우나). 현지스파 중 Avant Wellness Hotel Pool & Spa, Simma Hotel Spa and Waterpark 등은 좋은 시설과 함께 무료 공항 셔틀이 제공된다.

타슈켄트의 한국 식당, 한인이 운영하는 호텔이나 숍 등을 알려달라.
호텔은 롯데시티호텔, 리치파크호텔, 식당은 만남하우스, 미가, 키타운, 보보이, 미소 등이 있다. 고려인이 운영하는 식당에서 꼭 먹어봐야 할 음식은 '고려국시'인데 면이 잔치국수보다는 두껍고 우동보다는 가늘고 식감은 쫄깃하다. 고명으로 계란, 오이채, 토마토, 고기, 김치 등이 올라가고, 버섯채, 고수, 상채(향채)가루, 현지인들이 좋아하는 딜이 들어가기도 한다. 여름엔 차갑게 서빙이 되는데 이국적인 향이 나긴 하지만 분명한 것은 맛이 좋다는 것.

지역별 식당이나 호텔 정보를 알 수 있는 책이나 가이드북이 있으면 소개를 부탁한다.
〈라스트미닛 가이드〉는 가볍고 휴대하기 편해 추천한다.
무브숍: smartstore.naver.com/moveshoporiginal

LANDING

그곳의 기억, 여운, 그리고 사람들...

Koryo-saram, History of Strong Koreans

고려인, 강한 한국인들의 역사

Editor 조은영 **Photo** 오현정 개인소장

고려인

'조선족'과 '고려인'은 모두 한민족의 해외 디아스포라(이주민 집단)를 가리키는 말이다. 조선족은 19세기 말과 20세기 초 사이 중국의 지린성을 위시한 동북3성으로 이주한 이들이며, 고려인은 1860년~1945년 러시아의 연해주 지방으로 이주했다가 1937년 스탈린의 강제 이주 정책으로 중앙아시아로 옮겨진 이들이다. 초창기 함경도 평안도 주민들이 두만강을 넘어 러시아로 이주하게 된 것은 기근과 조세 수탈, 정치적 불안을 피하기 위한 자발적 이유였다. 당시 러시아는 국경 지역 개척을 장려하기 위해 이들을 우호적으로 받아들였고 한인들은 블라디보스톡, 우수리스크, 포시에트, 나홋카 등에 한인촌을 형성했다. 블라디보스토크에 있었던 자치마을 신한촌은 학교, 교회, 신문사가 있었고, 독립운동의 중심지 역할도 했었다.

강제 이주의 역사

1937년 스탈린의 고려인 강제 이주 정책은, 소련 역사상 가장 충격적인 인권 침해 중 하나로 평가받는다. 이는 단순한 이주가 아닌, 민족 전체를 대상으로 한 강제 추방이었고, 소수민족 탄압 정책의 서막이었다. 당시 많은 고려인들이 독립운동에 가담해 러시아 제국과 소비에트 초기 정권에 영향력을 발휘했는데, 스탈린은 이를 리스크로 보고 민족 전체를 탄압, 추방한 것이다. 일본 제국주의의 침략 야욕 때문에 빚어진 비극이기도 하다. 이를 통해 약 17만 명의 고려인들이 하루아침에 고향을 잃고 중앙아시아의 황무지로 떠나는 기차에 몸을 실어야 했고 이 과정에서 수천 명이 질병, 기아, 추위로 사망했다. 이주 후에도 험난하고 비극적인 여정은 계속되었다. 고려인은 수십 년간 '불신의 민족'으로 분류되어 교육·취업·이동의 자유가 제한되고 한글 사용 금지, 신문 폐간, 민족학교 폐쇄 등으로 언어와 문화의 전승이 끊어졌다. 그러나 고려인들은 농업, 관개사업, 교육 등에서 성과를 내며 기술직, 교육, 행정 등에서 중요한 역할을 맡기 시작했다. 낯선 땅에서 뿌리내리며 자신의 정체성을 지키고, 동시에 새로운 환경에 융화하며 공동체의 재건이라는 놀라운 역사를 이룬 그들은 1989년 소련 해체 후에도 대부분 우즈베키스탄에 남았다. 현재 우즈베키스탄 내 고려인 인구는 약 1???0만 명 이상으로 추산되며, 주요 거주지는 타슈켄트, 사마르칸트, 누쿠스 등 대도시와 그 주변이다. 교육 수준이 높고, 현재도 우즈베키스탄 내에서 소수민족으로서 비교적 안정적인 사회적 지위를 누리고 있다.

고려인들의 문화와 음식

고려인들은 중앙아시아 환경과 문화와 어우러진 독특한 '고려인 문화'를 형성했는데 그 중 음식 문화는 고려인의 정체성을 유지하는 중요한 요소다. 고려인 음식은 한국 전통 요리의 기본을 유지하면서도 현지 중앙아시아 식재료와 조리법이 섞인 퓨전 스타일이며 대표 음식은 만두, 김치, 반찬, 전통 차 등이다. 고려인의 당근 김치는 중앙아시아 전역, 러시아까지 퍼졌다. 또한 '고려국시'라는 퓨전 음식도 현지화 된 훌륭한 예다.

기억해야 할 이름들

황만금(1919~1997)

연해주 지역의 노보키예프스키에서 태어난 황만금 선생은 1937년 우즈베키스탄으로 강제이주 후 한국어 교사로 일했다. 한국어가 금지 당하자 면화농장의 노동자로 이직, 1939년부터는 공산당 당원 후보로 활동하며 관리직으로 승진한다. 1953년 폴리타젤(Politadel) 집단농장을 소련 최고의 모범농장으로 만들며 '사회노동영웅' 칭호를 받았고, 레닌 훈장도 받았다. 당시 폴리타젤 집단농장에는 1,200명을 수용할 수 있는 문화회관과 함께 2곳의 경기장이 자리하고 있었으며, 그 외에 백화점, 병원, 학교 등의 시설도 자체적으로 갖춰 소련을 방문하는 귀빈들이 반드시 방문하는 곳이었다. 1985년 고르바초프가 집권하면서 '면화 스캔들'이라고 불리는 정치적 탄압이 시작되며 황만금은 감옥에 수감되었다. 후에 이어진 재판으로 1989년 무죄로 풀려났고 1997년 세상을 떠날 때까지 폴리타젤 집단농장의 명예회장직을 맡았다. 타슈켄트에서 15km 떨어져 있는 폴리타젤 마을의 황만금 박물관에는 고려인들의정착의 역사를 생생하게 볼 수 있는 자료들이 있다. 황만금 선생님의 넷째 아들인 탁구선수 출신 황 그레고리가 세운 우즈베키스탄 유일의 국제규격의 시설을 갖춘 탁구센터도 자리한다. 폴리타젤 마을은 우즈베키스탄의 고려인 마을이다. 〈황만금:올림포스와 골고다를 넘어서〉 도서 참조.

포석 조명희(1902 - 1938)

일제강점기 조선 출신의 사회주의 문학가이자 독립운동가다. 출생은 충북 진천이며 대표작으로는 소설 《낙동강》, 시 「뜨거운 하늘 아래」 등이 있다. 1920년대 말, 일제의 탄압을 피해 소련으로 망명해 소련 내 한인 사회에서 작가이자 지도자로 활동하며, 중앙아시아로 강제 이주된 고려인들과도 교류한 것으로 알려져 있다. 하바롭스크, 블라디보스토크, 타슈켄트, 타슈켄트 인근 고려인 집단촌 등지에서 활동하다가 1938년 스탈린의 대숙청기에 숙청당해 44세의 짧은 생을 마감했다. 『고요한 바람』 이라는 책은 고려인 강제이주 이전의 우즈베키스탄 한인 사회에 대한 역사적인 맥락을 이해하는데 도움이 된다. 타슈켄트의 나보이 기념관 내 조명희 기념실이 있으니 둘러볼 수 있다. 충북 진천에도 포석 조명희 문학관이 있다.

김병화(1905~1974)

우즈베키스탄 타슈켄트 인근, 고려인 김병화 박물관이 자리한 '김병화 콜호즈'는 잘 알려지지 않은 역사적 의미와 감동을 담은 공간이다. 그는 강제 이주된 고려인들이 황무지를 개척해 농업 생산을 혁신한 주역으로, 두 차례 소련 '노동영웅' 칭호를 받았다. 그의 리더십 아래 '북극성 집단농장'은 번영을 이루었고, 이후 그의 이름을 따 '김병화 콜호즈'로 불리며 고려인 공동체의 상징이 되었다. 농장 마을 입구에 위치한 박물관에는 "이 땅에서 나는 새로운 조국을 찾았다"는 문구를 발견할 수 있다. 척박한 환경 속에서 고려인 공동체에 자존감과 자립의 토대를 마련한 그의 농장은 단순한 경제 단위를 넘어 고려인 문화와 정체성의 기념비로 남아 있다. 박물관 방문은 이역만리에서 뿌리를 내린 고려인의 역사와 삶을 이해하는 뜻깊은 여행이 된다.

119

북방에서-정현웅에게
백석

아득한 옛날에 나는 떠났다
부여(扶餘)를 숙신(肅愼)을 발해(渤海)를 여진(女眞)을 요(遼)를 금(金)을
흥안령(興安嶺)을 음산(陰山)을 아무우르를 숭가리를
범과 사슴과 너구리를 배반하고
송어와 메기와 개구리를 속이고 나는 떠났다

나는 그때
자작나무와 이깔나무의 슬퍼하든 것을 기억한다
갈대와 장풍의 붙드든 말도 잊지 않었다
오로촌이 멧돌을 잡어 나를 잔치해 보내든 것도
쏠론이 십리길을 따러나와 울든 것도 잊지 않었다

나는 그때
아모 이기지 못할 슬픔도 시름도 없이
다만 게을리 먼 앞대로 떠나 나왔다
그리하여 따사한 햇귀에서 하이얀 옷을 입고
매끄러운 밥을 먹고 단샘을 마시고 낮잠을 잤다
밤에는 먼 개소리에 놀라나고
아츰에는 지나가는 사람마다에게 절을 하면서도
나는 나의 부끄러움을 알지 못했다

그동안 돌비는 깨어지고 많은 금은보화는 땅에 묻히고
가마귀도 긴 족보를 이루었는데
이리하여 또 한 아득한 새 옛날이 비롯하는 때
이제는 참으로 이기지 못할 슬픔과 시름에 쫓겨
나는 나의 옛 한울로 땅으로—나의 태반으로 돌아왔으나

이미 해는 늘고 달은 파리하고 바람은 미치고
보래구름만 혼자 넋없이 떠도는데

아, 나의 조상은 형제는 일가친척은 정다운 이웃은
그리운 것은 사랑하는 것은 우러르는 것은
나의 자랑은 나의 힘은 없다
바람과 물과 세월과 같이 지나가고 없다

1930년대 후반, 고려인들이 중앙아시아로 이주하던 그 시대에 백석도 함경도 지방이나 만주, 또는 평안북도 등 북방 지역에 머물렀다.
《북방에서 정현웅에게》는 먼 곳에서 중앙 문단과 멀어진 채 외로움과 고립감, 회의, 고독한 현실을 친구에게 털어놓는 형식의 편지 시다.
일제강점기라는 억압된 시대적 배경과 분위기가 녹아있는 시인 백석의 작품이다.

LANDING RECIPE

Morkovcha

당 근   김 치

'마르코브차'의 유래는 한국이다. 고려인들 덕분에 중앙아시아 전역에 널리 퍼지게 됐다.
우즈베키스탄에서는 '고려인 당근 샐러드 Koryo-salat'라는 이름으로도 알려져 있다.

Editor 조은영 **Photographer** 이규열

고려국시와 당근김치가 놓인 타슈켄트 고려인식당에서의 상차림이다. 된장찌개, 비빔밥 등은 거의 원형에 가깝다.

Ingredients

당근: 3~4개 (중간 크기),
다진 마늘: 2~3쪽
설탕: 1작은술
소금: 1작은술
식초: 2큰술 (주로 9% 백식초)
간장: 1큰술 (선택)
고춧가루: 1~2작은술 (기호에 따라)
식용유: 2~3큰술 통깨, 고수씨, 후추 (선택사항)

Recipe

1. 당근 손질: 당근은 껍질을 벗긴 뒤, 얇고 길게 채 썬다.
2. 양념: 볼에 당근, 다진 마늘, 설탕, 소금, 식초, 고춧가루를 넣고 가볍게 버무린다.
3. 기름 붓기: 팬에 식용유를 달군 후 (끓이지 말고 살짝 뜨거운 상태), 마늘이나 고수씨를 넣어 기름에 한번 튀겨 풍미를 더한다. 이 뜨거운 기름을 양념한 당근 위에 붓는다.
4. 숙성: 재료를 골고루 섞은 뒤 냉장고에서 최소 3시간, 이상적으로는 하룻밤 숙성시키면 맛이 더욱 깊어진다.

한국인들은 긴 여행 중 '마르코브차'가 나오면 위안이 된다. 이 음식은 김치가 그리웠던 고려인들이 배추나 고춧가루 대신 마늘, 당근을 활용해 절임을 만든 것이다. 최근 유행하고 있는 '당근 라페'와도 모양이 언뜻 비슷해 보이기도 하지만 맛은 다르다. '킥'은 당근 채에 뜨거운 기름을 붓는 것이다. 식감이 아주 부드러워질 것이다.

Real Authentic!

진짜가 나타났다. 비행기 타지 않고 우즈벡 가는 법

한국 속의 중앙아시아 식당들.

라이욘 식당의 맛을 책임지는 우마르 셰프다.
오른쪽은 우용택 대표.

라이욘 식당 Rayyon

우즈베키스탄인-한국인 부부가 김포시에 문을 연 라이욘 식당은 '현지보다 더 현지 같은 미식 경험'을 할 수 있는 곳이다. 탄두리 오븐에서 제대로 구워낸 논(빵), 전통적 스타일로 말고기가 들어간 '베쉬마르막'과 푸짐한 꼬치요리 '샤슬릭', 다채로운 국물 요리들과 만두, 그리고 면 요리인 '라그만' 등... 서울의 그 어떤 우즈베키스탄 식당보다 메뉴가 다양하고, 실력있는 현지인 셰프를 영입한 덕분에 맛도 본토에 뒤지지 않는다. 한국 속의 우즈베키스탄, 특히 식문화를 제대로 경험하고 싶다면 일부러 발걸음 해 볼만 한 곳이라고 추천한다. 부부는 평택의 베흐루르 식당에 이어 2025년 김포에 라이욘 식당을 열었다. 근처에 케밥 전문점 '라이욘 케밥'도 함께 운영한다. 지역 내 우즈베키스탄 음식 문화를 대표하는 곳이 될 듯. 술은 판매하지 않는다.

📍 경기 김포시 대곶면 율생리 433-55
📞 010-8846-8979
₩ 라그만 10,000~ 만두 10,000~ 베쉬바르막 13,000 샤슬릭 6,000~

라자트 Lazzat

맛과 분위기로 유명한 이태원의 우즈벡 식당이다. 현지 감성이 가득한 멋진 인테리어에 문을 여는 순간 여행을 온듯하다. 매장이 넓어 모임하기 좋다. 양고기 샤슬릭 등은 사전 예약 후 가는 것을 추천한다. 이태원역 도보 3~4분 거리에 있다.

📍 서울 용산구 우사단로 37
📞 02-792-7008
🕐 12:00~22:00 월요일 휴무
₩ 라그만 10,000, 양갈비스프 10,000 샤슬릭 15,000

스타 사마르칸트 Star Samarkand

서울 속 실크로드를 경험할 수 있는 동대문 중앙아시아 거리의 대표적인 우즈벡 식당이다. 외관부터 실내까지 이국적인 분위기를 느낄 수 있다. 메뉴는 중앙아시아, 러시아 음식을 모두 아우르며 근처의 오래된 식당 '사마르칸트'의 가족들이 운영하는 업장이다.

📍 서울 중구 을지로42길 14
📞 0507-1406-7834
🕐 10:00~23:00 격주 화요일 휴무
₩ 플로프 11,500 보르쉬 9,900 샤슬릭 7,000

호지보보 HojiBobo

이태원에 있는 '할랄 스테이크 하우스'로 우즈베키스탄 전통 요리를 현대적으로 재해석한 공간이다. 육류 중심의 할랄스테이크와 전통 요리를 전문으로 하고 있어 고기 러버들이라면 만족도가 높을 듯. 사진 찍고 싶어지는 플레이팅이 특징, 가격대가 다른 곳보다 약간 높다.

📍 서울 용산구 이태원로 140-1 3층
📞 0507-1405-2037
🕐 11:00~23:00
₩ Quattro Set 120,000 샤슬릭 64,900

LANDING CULTURE TALK

Cotton & Silk

목 화 와   실 크

목화의 여정은 우즈베키스탄의 현대사 그 자체다. 여행자로서 우즈벡의 목화밭을 거닐 때, 호텔로 돌아와 포근한 오가닉코튼 침구 속에 몸을 파묻었을때 행복했었다. 과거부터 오랜 이야기를 쌓아 온 비단 그리고 현대사가 녹아있는 목화 이야기다.

목화, 우즈벡의 경제 기반의 상징

1950~60년대 우즈베키스탄은 소비에트 연방 내 최대 면화 생산지였다. 당시 전체 농경지의 절반 이상이 목화로 뒤덮였다. 목화는 '백색의 금 White Gold'이라 불리며 수출의 핵심 자원이었지만 목화 수확을 위해 수많은 이들이 강제로 동원되었다. 매년 수백만 명의 학생, 교사, 공무원 할 것 없이 들판으로 불려 나갔고, 아이들도 예외는 아니었다. 이는 국제적 공분을 사게 되어 많은 브랜드들이 우즈벡산 목화를 보이콧 하기에 이른다. 2016년 우즈베키스탄 공화국 두 번째 대통령으로 취임한 미르지요예프 대통령은 목화 생산 강제노동 체계를 근절하기 위한 정책을 펼쳤다. 그 결과 2022년 국제노동기구 ILO는 "우즈벡 목화는 조직적 강제노동과 아동노동에서 완전히 자유롭다"고 공식 선언했다.

우즈베키스탄은 여전히 매년 60만 톤 이상의 면화를 생산하는 글로벌 상위권 생산국이다. (2024년 기준 8위) 하지만 원자재 수출 중심 구조에서 완제품 중심의 섬유 산업으로 전환하고 있어 2007년 약 40%에 머물던 면화 가공률이 현재는 거의 100%에 도달한다. 이제 우즈벡의 목화 산업은 면화-섬유 클러스터 cotton-textile cluster로 발전해 농부들이 생산부터 방적, 직물 생산, 완제품 제조까지 하나의 시스템에서 일하게 되었다. 어쩌면 우즈벡인들에게는 아픈 역사일 수도 있는 목화는 그들을 먹여살린 생활의 근간이기도 했다. 오랜 시간동안 우즈벡인들은 목화밭에서 울고 웃으며 많은 이야기를 낳았다. 전통 도자기의 패턴, 여인들의 수자나 같은 수공예품, 카펫 등에 '목화 문양'이 빠지지 않는 이유다.

사라진 아랄해 Aral Sea

우리가 사랑해 마지않는 자연섬유, '면'의 생산 과정에는 이렇게 노동력 착취라는 문제도 있었지만 환경 문제도 간과할 수 없다. 면 1kg을 생산하는 데 평균 10,000리터 이상의 물이 필요하고, 살충제와 농약 사용량도 비교적 높다. 아랄해를 예로 들어보자. 한때 세계에서 네 번째로 컸던 내륙의 호수가 사막화가 된 데에는 소련의 목화산업과 직접적인 관련이 있다. 1960년대 소련은 면화 재배 확대를 위해 아무다리야와 시르다리야강에서 대규모 수로를 만들어 물을 끌어썼다. 결과적으로 아랄해로 유입되는 수량이 급감하고 물이 마르게 되어 결국 아랄해가 지도에서 사라지게 된 것이다. 그렇다면 같은 자연섬유인 '마'는 어떨까? 마 linen 같은 경우에는 척박한 토양에서도 잘 자라고 물도 면처럼 많이 필요하지 않다. 따라서 토양 오염과 수자원 고갈을 줄일 수 있다. 생분해성이 뛰어나 의류 폐기 시에도 환경 부담이 적고 내구성도 좋아 오래 입을 수 있다. 환경을 생각한다면, '편안한 면'보다 '마'를 입는 것이 지구를 위한 선택이다.

실크로드 Silk Road 의 실크

우즈베키스탄을 여행하다보면 면, 마 그리고 실크로드 핵심 품목인 '실크'의 생산과정에 대해서도 관심이 생기는 것이 당연하다. 실크는 면에 비하면 비교적 환경 친화적이지만, 동물복지 윤리 측면과 '비건 패션' 관점에서 이슈가 되기도 한다. 물론 대안이 없는 것은 아니다. 피스 실크 Peace silk 또는 아힘사 실크 Ahimsa silk 라고 하여 누에를 죽이지 않고 고치를 얻는 방법도 개발되었다. 우즈베키스탄에서 흰뽕나무가 흔하게 보이는 이유는 누에의 먹이가 되기 때문이다. 뽕나무의 소용은 다양하다. 사마르칸트 외곽에 위치한 메로스 Meros 전통 종이 공방은, 실크로드 시대의 종이 제작 방식을 손으로 되살린 살아있는 현장이다. 뽕나무 껍질로 종이를 만드는 과정은 한지를 만드는 과정과 비슷했다. 체험 프로그램을 통해 나만의 종이를 직접 만들어볼 수도 있다. 기념품 숍과 찻집, 식당도 있어 한나절 둘러볼만 하다.

뽕나무는 열매도 먹고 종이도 만들지만 원래의 식재목적은 실크 생산과 직접적인 관계가 있다. 포도밭과 과일이 어우러진 페르가나 계곡은에 양잠 시스템으로 고대 실크로드 시대부터 실크 생산 중심지로 발전했던 곳이다. 2,000년 이상의 역사를 자랑하는 실크 생산의 전통은 지금도 마르길란 등에서 수작업의 형태로 이어지고 있으며, 우즈베키스탄 어디서나 실크 패브릭을 쉽게 구할 수 있다.

국민 직물, 아드라스

이캇 Ikat 은 면, 실크 등 패브릭 염색 기법의 한 종류다. 실을 직조하기 전 염색해 염색된 실로 패브릭을 짠 후 패턴이 나타나도록 만드는 것이다. 이캇의 특징은 경계가 번진 듯한 무늬와 핸드메이드 특유의 흐림 효과를 들 수 있는데 우즈베키스탄 이캇은 특히 선명하고 강렬한 색상과 기하학적 패턴으로 유명하다. 아드라스 Adras 는 이캇 기법으로 만들어진 천의 종류다. 전통적으로 면과 실크 혼방으로 만들어지며 가볍고 통기성이 좋고 부드럽다. 주로 전통 의복, 스카프, 쿠션 커버, 커튼 등에 사용된다. 참고로 아틀라스 Atlas 는 실크 100% 이캇 직물로, 광택이 강하고 더 고급스러운 소재다. 아드라스보다 무거워 주로 전통 예복, 여성 드레스에 사용된다.

면화 문양이 그려진 아드라스 직물로 만든 우즈벡 전통 로브를 바자르에서 구입했다. 우즈베키스탄 여행으로 알게 된 목화의 진실에 마음 한 구석이 불편하기도 하지만, 어디에도 정답은 없다. 좋은 것이 있으면 반대급부도 반드시 존재한다는 것만 기억하면 된다. 결론적으로 무엇이 되든 적게 사고, 한 번 내 손에 들어온 물건은 오래 사용하자고 마음 먹었다. 여행이 준 기특한 생각이다.

Suzani, The Beauty of Everyday Art

수 자 니 ,   일 상 예 술 의   아 름 다 움

우즈베키스탄에서의 예술은 박물관과 공방 안에만 있지 않았다. 가장 아름다운 예술은 소박한 삶의 배경에서 조용히 빛난다. 장터에서 산 수자니, 오래 사용한 피알라, 손으로 빚은 빵, 직접 짠 퀼트이불… 모두 '장인의 손'이 아니라 '삶의 손'에서 나온 것들이다.

수자니의 미학

우즈베키스탄을 여행할 때 레기스탄 광장같은 화려한 랜드마크뿐만 아니라 시장 한복판의 천들, 찻집의 테이블 위도 바라보길 바란다. 그 안에 이 땅의 일상 미학이 담겨 있다. 우즈벡인들의 일상 예술 중 대표적인 것으로 '수자니'가 있다.

'수자니 Suzani'는 페르시아어로 '바늘 suzan'에서 유래한 단어로 본래는 '수놓기'를 뜻하지만 중앙아시아에서는 정교하게 수 놓인 장식용 직물을 가리킨다. 수자니는 담요, 벽걸이, 침구로 활용되었다.

"수자니를 보면 신부를 안다."는 우즈벡 속담이 있다. 신부들이 결혼을 앞두고 밤낮으로 수놓던 수자니는, 한 여인의 정체성과 솜씨와 가족의 전통이 고스란히 새겨진 초상화였다. 과거엔 신랑이 신부의 얼굴을 직접 보지 못한 채 혼인을 약속하던 일이 흔한 일이어서 신부보다 먼저 도착하는 것이 바로 수자니였다. 선물인 동시에 문양과 색채, 실의 방향과 스티치의 정성 하나하나가 신부의 품성을 보여주는 메시지와 자기소개서가 된 것이다. 모란꽃과 석류, 덩굴무늬는 풍요를, 둥근 문양은 태양과 생명력을, 정교한 자수 솜씨는 신부의 인내와 준비성을 보여줬다. '나는 이런 사람이예요.' 여자들은 수자니로 자신을 표현했다.

현대엔 직접 수자니를 놓는 전통은 줄었지만, 식장에 수자니를 걸고, 가문의 수자니를 물려주는 문화는 여전히 살아있다. 수자니가 단지 직물이 아니라, 여성의 삶과 역사, 공동체의 기억을 담은 유산이기 때문이다.

타슈켄트의 공예박물관에 가면 지역에 따라 다른 모양의 수자니를 볼 수 있다. 부하라의 풍성한 꽃과 덩굴무늬, 사마르칸트의 정교한 장미 중앙 문양, 누라타는 별과 부케, 카쉬카다리야 & 수르한다리야 지역 수자니는 검은색 또는 짙은 남색 테두리가 특징적이다. 페르가나, 샤흐리사브즈, 타슈켄트 등 각각 지역의 특징적인 문양과 색조를 지니고 있다. 또한, 대형 수자니의 경우 여러 명이 협동 작업을 했는데, 마치 퀼트같기도 하다. 공동작업의 수자니에서는 마무리를 남겨두거나, 모티프 한두 곳을 비워두는 경우가 있다. 이는 실수가 아니라 완벽함은 없다는, 겸손의 미학에서 온 것이다. 또한 결혼을 앞둔 신부에게 혼자만의 삶이 아니라, 남편, 가족, 자손과 함께 살아가는 열린 이야기의 시작점으로 남겨두는 것이다.

수자니가 걸린 가게입구

현대 삶 속의 수자니

소련 시대, 공업화와 대량생산 시스템으로 인해 전통 수자니는 사라질 위기에 처했다. 하지만 2017년 개방정책이 시작되면서 전통 공예 부활의 바람이 불기 시작하는데, 아지자 토지예바 Aziza Tojiyeva 같은 여성 예술가들이 전통기법을 이어받아 온라인 플랫폼을 통해 국제 시장으로 진출했다. 그녀는 전통에 디지털을 입힌 대표적인 수자니 아티스트다. 수자니의 제작 역사는 오래되었다. 15세기 티무르 시대에 이미 유사한 자수가 존재했다는 기록도 있다. 필라델피아 경매에 소개된 한 20세기 수자니는, 황금빛 배경에 파란색·보라색·검은색 문양으로 샤르간다나 이슬람 패턴이 공존한 아름다움이 돋보이는 작품이다. 오늘날 수자니 문양은 단지 전통 공예에만 머물지 않고, 침구, 커튼, 러그, 샤워커튼, 램프갓, 벽지 등 다양한 생활상품에 활용되며 현대적인 디자인으로 재탄생하고 있다. 인테리어에 강렬한 색과 질감을 더하고 싶다면 훌륭하고 이국적인 포인트 아이템이 될 것이다. 바자르를 걷다 보면, 이캇 ikat 무늬 천이나 수자니 자수가 수북이 쌓인 풍경을 쉽게 볼 수 있다. 수공예로 오랜시간 공들인 고급상품도 있지만, 현지인들이 일상복이나 커튼, 이불보, 베개커버로 사용하는 보통의 천도 색감과 문양이 살아있다. 작은 수자니 조각 카펫, 실크 스카프 등을 통해 우즈벡인들의 일상 예술을 누릴 수 있다.

LANDING SOUVENIR

The Souvenir
고국으로 데려온 우즈벡의 먹거리과 소소한 기념품들로 여행을 추억한다.

PLACE

①
초르수 바자르 Chorsu Bazaar

'초르수'의 의미는 '네 갈래 길' 또는 '사거리'를 뜻하는 페르시아어 표현이다. 일반적으로는 도시의 주요 교차점에 지어진 지붕 덮인 시장을 의미하며, 타슈켄트 초르수바자는 중앙아시아 최대 규모의 시장이다.

②
시압 바자르 Siyob Bazaar

비비하눔 모스크 맞은편에 위치한 사마르칸트의 전통시장이다. 수백 년간 이어져 온 실크로드 교역의 전통을 따라 발전해 온 곳으로 실내 구역과 야외 노점 구역으로 나뉘어 있다. 각종 견과류, 건과일, 향신료, 빵(논), 꿀, 우유 가공품, 차, 잼, 각종 소품 등이 있고 외부엔 야채, 과일, 고기, 옷감, 주방용품 등 다양한 상품들을 만날 수 있다.

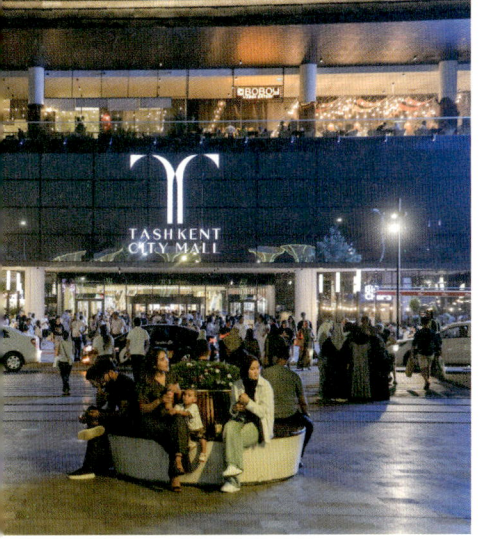

③

타슈켄트 시티몰 Tashkent City MallCitymall

타슈켄트 중심에 위치한 현대적 쇼핑·문화 복합 공간으로, 2023년 말 개장했다. 세계적 브랜드의 의류, 화장품 등 화려한 매장과 고급 레스토랑, 푸드코트, 카페, 영화관, 실내 놀이시설까지 갖추고 있어 구경가기 좋다. 특히 분수 광장과 루프탑 전망 레스토랑은 인스타그래머블한 명소로 유명하다. 슈퍼마킷에서 차, 쵸콜릿, 주류 등 간단히 구입할 아이템들이 가득하니 둘러볼 것.

④

타슈켄트 공항면세점 Tashkent Airport Shop

쇼핑을 미뤘다면 이곳이 마지막 기회. 그동안 다니면서 봤던 모든 종류의 기념품들을 공항에서 구할 수 있다. 가격은 살짝 높지만, 제품의 퀄리티는 어느정도 보증된다. 와인, 주류, 잼 등 무거운 제품은 이곳에서 구입하면 덜 번거롭다.

⑤

나부르즈 파크 Navruz Park

관람차가 있는 테마파크인 동시에 복합쇼핑타운이다. 2019년 오픈, 전통과 현대가 공존하는 공간으로 공예, 예술, 음식, 기념품 쇼핑을 즐길 수 있다. 사마르칸트의 도자기, 부하라의 자수 수자니, 히바의 나무 공예품 등을 판매하는 상점들이 지역별로 구성되어 있다. 추천 숍으로는 전통 의상 전문점 Zarif Style, 수자니 자수 상점 Bukhara Needlework, 도자기 전문 Rishtan Ceramics, 초콜릿 기념품 가게 Iman Chocolate 등. 쇼핑과 산책, 셀피까지 만족도 90점.

LANDING SOUVENIR

IN MY BAG

① 손뜨개 낙타 양말
히바

수공예가 점점 사라져 가니 귀한 손길로 짜여진 히바 할머니들이 손으로 짠 양말. 하나하나 무늬와 색상이 다르고 정감가는 양말이다.
겨울 실내용으로 좋을 듯.
가격: 개당 3,000~5,000원 사이

② 아랍 켈리그라피
사마르칸트 모스크

손글씨로 이름, 행운의 문구를 적어달라 요청하여 가지고 와 내 방 벽에 붙여두기!
가격: 10,000~20,000원 사이

③ 체키치와 부하라 칼
히바 / 부하라

빵의 중심에 다양한 무늬를 찍어 장식하고, 중심이 부풀지 않게 하는 베이킹 도구로 나무에 금속 핀이 박혀 있다. 예쁜 기념품으로도, 빵굽기 좋아하는 누군가에게 선물주기 좋은 유니크한 아이템
가격: 5,000~30,000원 사이

부하라의 금속 공예 기술로 만들어진 칼. 강철에 은이나 황동으로 세밀한 문양을 새겨 장식한 칼은 전사의 용맹과 장인정신을 상징하는 선물로 애용된다.

④
카펫트
부하라

부하리안 실크 카펫트에 대한 자부심이 대단했던 한 카펫트 상점에서 카펫트 구입. 실크 100%의 고퀄리티 제품으로 평생 소장할 아이템이다. 찻자리에 깔아두고 즐기려는 용도로 구입했는데, 두고두고 뿌듯한 쇼핑이 될 것 같다. 사이즈에 따라 가격은 천차만별이니 흥정은 필수다. 국제 운송을 해주니 편리하다.
가격: 250불~

⑤
실크스카프, 캐시미어스카프, 카멜스카프
히바, 부하라

실크의 나라인 만큼, 가는 곳마다 실크 스카프가 유혹한다. 캐시미어와 카멜 스카프는 방한용으로 구입할 만하다.
가격: 20/30,000원~

⑥
가죽 제품
타슈켄트 카니시카 Kanishka

전통 문양과 실용성을 결합한 옷과 가죽 제품으로 유명한 브랜드로 타슈켄트 도심에 여러 지점을 운영한다. 세련된 인테리어, 에어컨이 가동하는 시원한 공간으로 들어서는 순간부터 기분이 업 지갑, 벨트, 가방들이 한국의 반도 안되는 가격이니 지갑이 열리지 않을 수가 없다.
가격: 가방 20,000원~

TRANSIT

여행과 여행사이, 잠시 머무르기

Move to the UNKNOWN
당신이 모르는 그곳, 철원

나는 겨울에 철원에 간다.

철원이 얼마나 특별한 곳인지 사람들은 잘 모르는 것 같다. 낭만적인 여행지와는 도무지 매칭이 되지 않는 곳이 철원이지만, 나는 언젠가부터 매년 겨울 철원에 간다. 무언가에 홀리듯 내 발걸음이 철원으로 향하는 이유는 두루미와 사랑에 빠졌기 때문이다. 그렇다. 철원은 고귀하면서도 희귀한 새, 두루미가 선택한 땅이다. 그들이 철원을 찾는 이유는 분명하다. 논두렁에 남겨진 볏짚, 얕은 습지, 그리고 사람의 손이 닿지 않은 안전함. 아이러니하게도, 수십 년간 개발이 차단된 DMZ 인근이야말로 야생 생물들의 마지막 피난처가 된 것이다.

겨울의 철원은 조용하다. 눈 덮인 들판 위로 바람이 흐르고, 그 고요를 깨우는 건 하늘을 가로지르는 두루미의 날갯짓이다. 이 장면을 본 적 있는 사람은 많지 않다. 더욱 놀라운 건 그 장면의 정적이다. 새벽녘, 희뿌연 서리 낀 평야 위로 두루미 떼가 날아드는 장면은, 소리조차 허락되지 않는 듯한 정적 속에서 펼쳐진다. 뚜루뚜루~ 고요를 깨뜨리는 것은 두루미의 울음소리다. 이건 단순히 아름다운 풍경이 아니라 우리 곁에 남은 마지막 야생의 존엄함이었다. 말 그대로 온몸에 전율이 왔다. 미디어 아트가 아닌 진짜 수묵화가 살아 움직이는 것 같았다.

두루미에 대해 한 가지 명확히 해둘 것이 있다. 우리는 학을 좋아하는 민족이다. 학은 두루미의 일종이다. 두루미에는 재두루미, 검은목두루미, 시베리아두루미, 흑두루미, 단정학 등 여러 종류가 있는데 그 중 '단정학'이 우리가 아는 바로 그 학, 천연기념물 제203호이자 멸종위기 야생생물 1급, 500원자리 동전에 등장하는 주인공, 바로 그 학이다. 학의 붉은 눈과 우아한 자태를 직접 본다면 그 비현실감에 흥분할 수 밖에 없다. 두루미들이 가족 단위로 모여 쉬고 있는 모습, '뚜루뚜루' 소리를 내며 우아하게 날고 있는 모습, 한꺼번에 날아가는 모습! 그것은 한 폭의 그림이요, 현실을 잇게하는 환상적인 광경이다. 왜 많은 이들이 두루미에 매료되어 철원에 오는 것인지, 왜 두루미 탐조코스라는 패키지 여행이 있는지? 단박에 그 모든 것이, 그 마음이 이해가 되는 순간이다.

2024년 겨울, 철원 DMZ에는 약 7,000마리의 두루미가 도착했다. 재두루미 5,500마리, 학1,500마리. 시베리아에서 2,000km를 날아온 이들은 75년간 인간의 출입이 금지된 땅, 철원으로 날아든다. 너른 철원의 평야에 남아있는 낱알은 두루미에게는 무공해 식탁이다. 지역 농민들은 언제가부터 일부러 두루미용 낙곡을 남겨두고 있다. 민간인출입통제선 안에서 진행되는 'DMZ 두루미 탐조 프로그램'은 매년 11월부터 2월까지 운영되는데, 두루미의 먹이활동과 비행을 생생하게 관찰할 수 있다.

세계적인 두루미 서식지, 철원에 가야할 이유

보통 두루미하면 몽골이나 시베리아, 혹은 홋카이도의 설원, 미국의 네브레스카 등을 떠올린다. 홋카이도의 구시로(Kushiro) 습원에 두루미를 보기 위해 해마다 수천 명의 관광객이 몰려든다. 그러나 철원에는 홋카이도 전체보다 약 3배 이상 많은 두루미가 모인다. 숫자로만 본다면 약 60만~70만 마리가 모여드는 네브레스카도 흥미롭다. 하지만 이 곳에서는 캐나다두루미 단 한 종만 관찰 할 수 있다. 철원에는 일곱 종 이상의 두루미들이 모이는데 이는 아시아에서 가장 많은 종류의 개체가 모여드는 것이다.. 철원이 세계적으로 각광받는 또 하나의 이유는 비무장 지대라는 유일무이한 막강 키워드 때문이다. 군사적 긴장 지대와 희귀 조류 보호가 공존하는 공간이라는 것이 철원 두루미를 더욱 특별하고 애절한 시선으로 바라보게 한다.

아이스크림 고지에 올랐다. 사방을 둘러보니, 고요한 평야에 '뚜루루루' 두루미 울음 소리가 나지막이 울려 퍼졌다. 이 평야는 용암이 흘러 굳어 만들어진 곳이다. 겨울에도 땅속에서 따뜻한 물이 흐르는 생명력 가득한 땅이다. 탐조코스의 출발점은 DMZ 두루미평화타운으로 여기서 하루 두 번 두루미투어 패키지가 출발한다. 행여 두루미 탐사 코스 중 두루미를 만나지 못할까 조마조마할 필요가 없다. 운이 좋아, 날이 좋아 두루미를 볼 수 있는 것도 아니다. 그냥 덤덤히 숫자로 말한다. 두루미 7,000여 마리가 여기 저기 노니는 곳, 철원은 그런 곳이다.

생태의 보고 DMZ

DMZ는 남한 면적의 1.6%에 불과하지만 5,300여 종의 생물이 서식하고 있고 그 중 101종은 멸종위기종이다. 우리나라에서 사라져가는 멸종위기종의 40%에 해당한다. 이런 밀도와 다양성은 국제적으로 높은 관심사다. 세렝게티와 버금가는 '야생동물의 천국'이라 칭송받고 갈라파고스와 종종 비교되기도 한다. 미국 작가 앨런 와이즈먼은 저서 『인간 없는 세상』에서 DMZ를 인간이 사라진 후 자연이 회복된 모델 지역으로 언급했다. 이렇게 된 이상 DMZ는 우리나라만의 땅이 아니라 세계인의 유산이라는 의견도 나오는 마당이다. 전적으로 동의한다. 언젠가 통일이 되어 이 땅을 보존하지 못한다면 세계적으로 지탄받을 수도 있을지도.

한국에서, 그것도 서울에서 불과 90분 거리에 이런 멋진 자연과 두루미떼의 장엄하고 독보적인 풍경을 만날 수 있다는 것은 축복이다. 누리자. 우리가 그동안 '한국을 너무 몰랐다' 탄식하게 된다.

> **조은영의 '당신이 모르는 그곳'** 멀리 가지 않아도 세계적인 장면이 한국에 있다. 등잔밑이 어둡다고 우리가 그것을 보지 않았거나, 이미 다 알고 있다고 착각한 것뿐이다. '당신이 모르는 그곳'은 당신이 이미 알고 있는 그곳을 이야기한다. 그러나 당신이 모르는 그것을 말해준다. 이 책의 제목이기도 한 이 큰 주제 아래 한국을 재발견하는 콘텐츠는 단행본으로 묶여 2026년 발간 예정에 있다.

사랑해를 마신다,
세계 1위를 마신다

www.saranghaewater.kr

2024·2025 2년 연속
국제파인워터대회
1등 골드상 수상

우리는 여유와 취향이 있는 '지구 여행자'를 위한 콘텐츠를 만듭니다.
한국은 〈당신이 모르는 그곳〉, 외국은 〈MOVE〉로 세상 구석구석의 이야기를 담아왔습니다.
2025년부터는 외국도 〈당신이 모르는 그곳〉으로 발행합니다.
한 호에 한 지역, 한 도시, 한 마을만 소개하고 있어 여행에 관심있는 사람이라면 누구나 편한 마음으로 구독할 수 있습니다.
근간의 여행을 위해, 또는 언젠가 떠날 꿈의 여행을 위해 소장하시기 바랍니다.

MOVE DESTINATION ABROAD

Vol. 1
BATANES

VOL. 2
SICILY

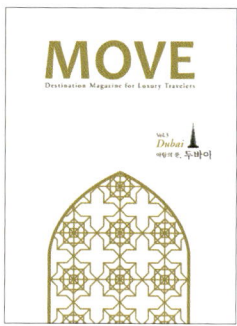

VOL. 3
DUBAI

VOL. 4
MAURITIUS

VOL. 5
NEW CALEDONIA

VOL. 6
LOMBOK

VOL. 7
SIBERIA

VOL. 8
MALTA

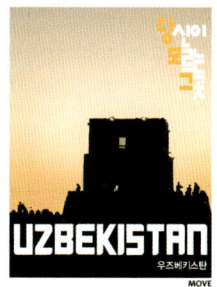

VOL. 9
UZBEKISTAN

MOVE DESTINATION KOREA

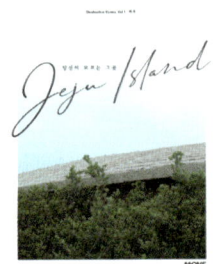
VOL. 1
JEJU ISLAND

VOL. 2
ANDONG

VOL. 3
GORYEONG

VOL. 4
GWANGJU

VOL. 5
JECHEON

VOL. 6
SEOUL

VOL. 7
HAPCHEON

VOL. 8
MAY GWANGJU

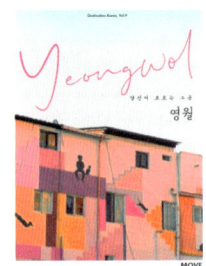
VOL. 9
YEONGWOL

VOL. 10
TONGYEONG

VOL. 11
TAEBAEK

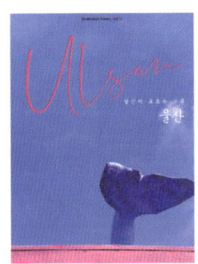
VOL. 12
ULSAN

VOL. 13
BOSEONG

VOL. 14
SOKCHO

VOL. 15
YANGYANG

MOVE는 결국 사람을 여행합니다.

여행을 사랑하는 마케팅·출판 기획사 (주)어라운더월드가 발행하는
<당신이 모르는 그곳> 시리즈는 MOVE의 첫번째 정체성입니다.
'무브숍'에서는 MOVE의 모든 출판물과 지역 명품 소개, 여행 이벤트 등
다양하고 흥미로운 활동을 지켜보실 수 있습니다.

⌂ www.conciergeseoul.co.kr (무브숍)　☏ 02-3477-7046　✉ movemagazine01@gmail.com
◉ movemagazine_official　⌂ www.movemagazine.co.kr

Subscription & Staff

구독 문의

〈당신이 모르는 그곳〉은 여행하는 삶을 응원하는 시리즈 도서입니다.

검색창에 '당신이 모르는 그곳'으로 검색하면
당신이 선호하는 온라인 서점에서 책을 구매할 수 있습니다.
1권당 20,000원/ 과거 발행물은 18,000원

직접 구매를 원하시면 〈무브숍〉 홈페이지나 스마트스토어를 통해 주문하시면 됩니다.
02-3477-7046
www.conciergeseoul.co.kr
smartstore.naver.com/moveshoporiginal
SC제일은행 385-20-186606 예금주 컨시어지서울

STAFFS

Publisher & Editor-in-Chief
조은영 Cho Eun Young

Art Director
조민주 Cho Min Joo

Photographer
이규열 Lee Kyu Yeol

Co-operation
우즈베키스탄 대사관 / 우즈베키스탄 관광부

ISBN 979-11-89647-33-9 발행 (주) 어라운더월드 02-3477-7046 | 서울 서초구 사평대로18길 23, 101호 발행일 2025년 9월 19일 인쇄 (주) 제일프린테크 02-2068-7305
〈MOVE〉에 실린 모든 글과 사진은 저작권법에 의해 보호 받으며, 발행사의 허락이 없는 무단 전제와 복제를 엄격히 금합니다.